MON CAHIER 2020

WOMAN IS BEAUTIFUL

ÉLOÏSE FIGGÉ

ILLUSTRATION DE COUVERTURE : ISABELLE MAROGER

SOLAR EDITIONS

Ce journal

APPARTIENT

à ....

Introduction

Il y a une déesse en vous, forte, fière, féminine. Seulement, il est difficile de la percevoir au quotidien, encore moins de l'honorer. Comment trouver du temps pour vous, pour vous connecter à votre féminin dans votre planning surbooké? Cet agenda intime est là pour vous y aider. Vous pourrez organiser toute votre vie mais, surtout, prévoir des temps de reconnexion à vous-même et à votre féminin. Votre boussole : votre cycle, porte de votre féminin. Suivez ses différentes phases, les fluctuations physiques, psychologiques et émotionnelles qu'il induit, ses hormones, ses symptômes… Mettez-vous enfin à l'écoute de votre rythme interne. Une femme qui embrasse sa féminité brille intensément, car elle se connecte à son énergie profonde. En phase avec toutes les dimensions de votre être, vous resplendirez!

Faites de cette année un cheminement vers votre féminin sacré. Mois par mois, entrez plus profondément en vous, connectez-vous plus intimement à votre corps, vivez intensément vos émotions et développez tous vos potentiels féminins.

Pour cela, chaque semaine, vous apprendrez à offrir de l'amour à votre corps grâce à une nutrition saine, douce et nourrissante, adaptée à votre cycle, vous le cocoonerez avec des soins de beauté ayurvédiques qui vous feront resplendir et vous donneront confiance en vous; vous écouterez vos émotions et cultiverez votre esprit grâce à de la méditation, du yoga féminin… Soyez fière de vous, sentez-vous forte et confiante et avancez dans votre vie de femme.

Prenez soin de vous, vous êtes sacrée!

2020, mon année féminité

À force de valoriser les valeurs masculines d'action et de performance, on a oublié que le féminin est tout aussi puissant, bien que d'une autre façon. Cette année, reprenez contact avec vous-même, reprenez contact avec votre féminin sacré. Vous avez de la valeur, vous êtes forte tant que vous êtes en phase avec votre féminité !

Mon féminin est une force !

Qu'on l'appelle *shakti* chez les Hindous ou *yin* chez les taoïstes, l'énergie féminine est révérée et célébrée depuis la nuit des temps dans toutes les croyances. C'est la mère originelle et l'énergie créatrice de l'univers. Pas besoin d'avoir des enfants, il s'agit juste de reprendre contact avec ses valeurs les plus nobles et divines : l'empathie, la créativité, la générosité.

Un lien à soi-même et aux autres

Plusieurs attributs caractérisent l'énergie féminine : la douceur, la confiance, l'amour, l'empathie, la compassion, l'intuition, mais aussi l'abondance, la créativité, le sacrifice et le don. L'énergie féminine est liée à une conscience profonde de soi et du monde. Au centre de cette idée, le pouvoir ultime : celui de créer, de propager et de défendre. C'est pourquoi les cultures à travers le monde n'ont jamais cessé d'adorer des déesses représentant le féminin sacré. Au Japon, la grande déesse du soleil, Amaterasu, est honorée en tant que mère divine du peuple. Les pratiques païennes comme celles des druides célèbrent aussi Gaïa, la déesse de la Terre mère. Dans la tradition ayurvédique indienne, ce sera Prakruti, la mère originelle. Le féminin est divin et puissant !

Une force tranquille

Dans la philosophie chinoise, le monde tient grâce à l'équilibre entre deux énergies : le yin, associé au féminin, et le yang, énergie masculine impliquant l'action, l'intrépidité, le feu. Le yin, lié à l'eau, est décrit comme l'énergie la plus forte car elle est douce et souple, et elle est capable de prendre n'importe quelle forme et de combler les espaces. Souterraine, invisible, c'est pourtant elle qui crée les plus grands bouleversements. Sa force est immense. On peut se servir de cette image inspirante de l'eau pour faire un premier exercice de reconnexion avec soi-même : imaginez **que vous êtes eau et ressentez cette énergie aquatique et fluide qui coule en vous. Êtes-vous détendue ? Ou**

plutôt en mode «mer agitée»? Avez-vous du mal à avancer car vous allez à contre-courant? Au cours des prochains jours, efforcez-vous de vous imprégner de cette énergie et notez tout changement dans vos sentiments. Vous visualiser dans l'onde vous amènera déjà à être plus attentive à votre état intérieur, plus connectée à vous-même.

Mon féminin est connecté à la nature

La lune, mon double

Une question de cycle...

Il y a toujours eu quelque chose de mystique entre les femmes et la lune (dans la Grèce antique, la déesse lunaire s'appelait Phoebe, ou Mene, d'où vient entre autres le mot «menstruation»). Que vous soyez adepte de science ou passionnée de bien-être (ou un peu des deux!), il est difficile d'ignorer le lien entre les calendriers menstruel et lunaire. En effet, le cycle menstruel moyen est de 29 jours (29,5 pour le lunaire) et, comme pour la lune, il passe par une phase ascendante avant d'arriver au zénith, puis de décroître. Un mois va être ponctué par les différentes phases de la lune et nos hormones, notre cycle et notre fertilité vont fluctuer.

... et de phases

Chaque mois, nous traversons un cycle comme la lune – pleine, décroissante, nouvelle et croissante. Les lunes croissantes et pleines sont tournées vers l'extérieur, promouvant des énergies d'amour, de partage et d'empathie (on peut les associer aux phases avant et pendant l'ovulation). Les lunes décroissantes et les nouvelles lunes sont concentrées vers l'intérieur, favorisant un temps pour recevoir et pour vous régénérer (comme les phases avant et pendant les règles). La lune nous affecte donc émotionnellement et physiquement chaque mois.

Halte aux clichés!

Si vous êtes synchronisée avec le cycle de la lune, vous aurez vos règles autour de la nouvelle lune ou de la pleine lune. Mais est-ce obligatoire? Bien sûr que non! Il ne faut pas généraliser ou stéréotyper le cycle féminin. En effet, chaque corps étant unique, il varie beaucoup selon les femmes et peut aller de 21 à plus de 35 jours. Un peu plus imprévisible que la lune, tout de même! Nos systèmes sont une boucle biologique complexe qui peut être affectée par le stress, les hormones, la santé, la nutrition et même le sport. Donc, en évitant de tomber dans les clichés, on apprend à intégrer la lune dans son cycle pour bénéficier de son énergie et de ses bienfaits (vous trouverez des astuces tout au long de l'agenda).

La terre, point d'ancrage de nos racines féminines

Les femmes sont liées à la lune, mais également à la terre, car elle aussi vit selon un cycle de 4 phases (les 4 saisons). Les femmes sont alors comme une caisse de résonance de la nature, de l'univers, du mouvement des planètes, du soleil et de la lune. Elles partagent profondément cette énergie cyclique et mobile, ainsi que l'énergie d'abondance, de générosité et de créativité de la terre. Historiquement, les femmes ont toujours été liées à la terre et aux éléments : elles cultivaient le sol pour nourrir leur famille, étaient responsables des cueillettes, avaient une grande connaissance des herbes, récupéraient l'eau potable, entretenaient le feu des maisons et prenaient soin des plantes et des arbres. Cette tradition s'est maintenue dans de nombreuses sociétés, et aujourd'hui encore, les profils éco-féministes en sont une des continuités.

Revendiquez votre féminin sacré !

Un équilibre à retrouver…

Depuis plusieurs milliers d'années, nos sociétés occidentales ont privilégié un modèle dominant façonné par des énergies dites « masculines » : compétitivité, jeux de pouvoir, raison et succès bâti sur la force ont été mis en avant… au détriment des valeurs d'énergie féminine. Or tout est interconnecté. Le féminin et le masculin sont les deux parties d'un même tout et contribue à un équilibre ! En passant le féminin au second plan, nous perdons notre créativité et notre lien aux autres. Notre société a besoin d'énergie féminine ; soyez-en fière, revendiquez-la et engagez-vous pour restaurer l'équilibre !

… pour des êtres et un monde en harmonie

Se reconnecter avec son énergie féminine ne veut pas dire porter des robes et du maquillage (mais vous avez le droit !). Cela signifie accepter et revendiquer fièrement la sensibilité en chacun de nous, cette vulnérabilité sublime qui nous relie à toutes choses, qui regorge d'énergie nourricière et d'amour. N'hésitez pas à assumer délibérément votre féminin en devenant manifestement compatissante, totalement désintéressée et aimante. Engagez-vous dans ce style de vie, même s'il demande du courage. Sans l'énergie du féminin sacré, liée à la nature et au cosmos, le masculin divin échoue. Mais lorsque le principe masculin est animé par le principe féminin, des lois saines, en harmonie avec la nature, peuvent voir le jour. C'est de cette façon que l'équilibre devient possible. Soignez votre féminin, et ce tout au long de l'année !

Mon cycle féminin

J'assume mon cycle

Test : est-ce que je connais bien le cycle féminin ?

Incollable sur « vos lunes » ou besoin d'une séance de rattrapage sur le sujet ? Voici un petit questionnaire qui vous permettra de savoir où vous en êtes !

1. Combien de temps dure un cycle menstruel normal ?

a. 21 jours.
b. 29 jours.
c. 35 jours.
d. Tout ce qui précède est juste, cela varie selon les femmes.

2. Et les saignements (en général) ?

a. 2-3 jours.
b. 3-5 jours.
c. 6-7 jours.

3. Vous manquez une phase de règles : vous êtes enceinte ou quelque chose cloche ?

a. Vrai. **b.** Faux.

4. Lorsque les règles commencent, il est normal de ressentir des douleurs au niveau…

a. … des bras, des jambes ou les deux.
b. … du ventre, du dos ou les deux.
c. … seulement du ventre.

5. À la naissance, vous portez déjà dans votre corps tous les œufs que votre corps relâchera sous forme d'ovules pour toute votre vie.

a. Vrai. **b.** Faux.

6. Combien de périodes de règles êtes-vous susceptible d'avoir durant toute votre vie ?

a. 200.
b. 450.
c. 650.
d. 1 000.

7. Les saignements entre les règles sont toujours le signe que quelque chose ne va pas.

a. Vrai. **b.** Faux.

8. Laisser passer des caillots de sang pendant les règles, c'est normal !

a. Vrai. **b.** Faux.

9. Le sang brun est normal aussi !

a. Vrai. **b.** Faux.

10. Pour soulager les symptômes prémenstruels, on opte pour…

a. … le chocolat.
b. … le training.
c. … le vin.

11. Pouvez-vous ovuler pendant une période de règles ?

a. Impossible !
b. Oui, cela peut arriver.

12. Pouvez-vous tomber enceinte pendant vos règles ?

a. Bien sûr !
b. Oui, mais c'est peu probable.
c. Non.

13. Pendant combien de jours une femme est-elle considérée comme fertile durant son cycle ?

a. 2 jours par cycle.
b. 1 jour par cycle.
c. 5 à 7 jours par cycle.

14. Combien de temps l'œuf survit-il après l'ovulation ?

a. 4 jours.
b. 12 heures.
c. 12 à 24 heures.

15. Lequel de ces éléments n'entraînera probablement aucun retard dans vos règles ?

a. Le stress.
b. La natation.
c. La perte de poids.
d. Les problèmes de santé.

16. Quelle est la quantité moyenne de perte de sang en période de règles ?

a. 1 litre.
b. 500 ml.
c. 1 à 2 ml.
d. 30 à 40 ml.

17. Mon cycle menstruel démarre…

a. … le premier jour d'un saignement complet.
b. … le premier jour après les règles.
c. … le lendemain de l'ovulation.

18. Quand changez-vous votre tampon / protection hygiénique / cup ?

a. À la fin de la journée.
b. Toutes les 4 à 8 heures.
c. Toutes les 6 à 9 heures.

19. Les femmes sportives peuvent-elles s'entraîner pendant leurs règles ?

a. Oui, c'est permis.
b. Oui, c'est recommandé et ça peut même aider à soulager les crampes !
c. Non, ce n'est pas recommandé.

20. Pendant les règles, éliminer le sel et la caféine peut réduire les ballonnements et les crampes.

a. Vrai.
b. Faux.

Découvrez les bonnes réponses!
Comptez combien de réponses justes vous avez :

1	**2**	**3**	**4**	**5**	**6**	**7**	**8**	**9**	**10**
d	b	b	b	a	b	b	a	a	b
11	**12**	**13**	**14**	**15**	**16**	**17**	**18**	**19**	**20**
b	b	c	c	b	d	a	b	b	a

< 10	10-16	> 17

Vous avez moins de 10 réponses justes? Pour vous, le cycle féminin est une science d'une autre galaxie! Mais pas de problème! Cet agenda va vous aider à comprendre comment fonctionne votre corps et à bien vivre votre cycle grâce à des conseils et tutos en tout genre! Il vous connectera même à votre essence féminine.

Vous avez entre 10 et 16 bonnes réponses? Pas mal! Vous vous y connaissez un peu en matière de cycle féminin mais il reste encore quelques inconnues et zones de flous. Cet agenda est là pour éclairer votre lanterne. Il vous donnera des détails sur les différentes phases du cycle, les variations hormonales et la façon de les gérer.

Vous avez plus de 17 bonnes réponses? Bravo! Le cycle féminin semble n'avoir aucun secret pour vous! Vous trouverez dans cet agenda plein d'astuces et de tips (nutrition, lifestyle, feel good...) pour aller plus loin et célébrer votre cycle tout au long de l'année.

Je me réapproprie le nom de mes règles pour me réapproprier mon corps et en être fière

Pour parler de ce sujet encore trop tabou, nous avons développé tout un champ lexical : on parle de «règles», «périodes», «menstruations», «lunes»... Voire pire : «aubergines», «inondations», «ragnagna», «drapeau rouge», «fraises»... Côté anglophone, on parle de «*Aunt Flo*» (la tante de passage), «surfer sur la marée écarlate» ou encore de la «malédiction de Dracula»! Tout cela contribue à créer un sentiment de honte et n'aide pas à accepter qu'elles font partie de soi, encore moins à en être fière. Afin de bien vivre son cycle, il faut d'abord l'assumer et se le réapproprier. À votre tour de lui choisir un nom qui vous plaît et qui le valorise! Il peut être humoristique ou poétique, concret ou abstrait, déjà exister ou non. Le but est de l'utiliser pour en parler librement car une femme ne devrait jamais avoir honte de parler de ses règles! À vous de jouer, soyez créative!

Les règles sont un processus de détox tous les mois !

Bien que les jus détox soient tendance, nous, les femmes disposons du meilleur outil pour assainir notre corps ; un cycle sain est la meilleure des détox ! La menstruation porte en elle-même le principe de purification : votre cycle correspond en effet à un processus régulier entrepris par le corps pour éliminer ses toxines. C'est tout de même un don merveilleux que de se soigner soi-même chaque mois ! Au cours des règles, le corps libère un excès de fer dans le sang et se sépare des toxines. Deux effets positifs : le fer réduit les risques d'accident vasculaire cérébral et de maladie cardiaque, et ralentit votre processus de vieillissement. Les règles seraient aussi la raison pour laquelle la plupart des femmes ont une durée de vie plus longue que celle des hommes ! Avoir des règles n'est pas une si mauvaise chose, si ?

Mon cycle me reconnecte à moi-même

Le ventre d'une femme symbolise son pouvoir de créer, de se régénérer et de se renouveler ; c'est aussi la source de sa puissance féminine dans certaines cultures. Vous pouvez donc choisir de voir les menstruations comme un événement banal, désagréable et peu pratique… ou comme un rituel sacré pour honorer, célébrer et communiquer avec votre essence féminine. Vivre vos règles comme un rituel va changer votre perception de vous-même et vous aider à vous connecter à votre corps, vos émotions profondes et votre énergie féminine. Ce rituel peut passer par des choses très simples et personnelles : un bain, la cuisine, une marche… C'est la façon dont vous le pratiquerez, de manière consciente et avec intention, qui rendra cette activité sacrée. Écoutez en pleine conscience les différentes phases de votre cycle : vous pourrez ainsi comprendre vos fluctuations d'énergie, les bouleversements de votre corps, ou les émotions qui surgissent. C'est un outil magnifique pour vous reconnecter à vous-même, cela nécessite simplement toute votre attention.

Je comprends mon cycle

Le cycle menstruel est contrôlé par un jeu complexe d'hormones, produites par les ovaires ainsi que par deux structures situées dans le cerveau, l'hypophyse et l'hypothalamus. La tradition menstruelle est représentée sous la forme de 4 archétypes féminins, présents en toute femme, comme des facettes de votre personnalité. Chaque archétype est également associé à une phase lunaire. L'archétype de la Vierge correspond aux énergies grandissantes de la lune croissante et à la phase pré-ovulatoire. L'archétype de la Mère est l'énergie abondante, complète de la pleine lune, ainsi que de l'ovulation. Les énergies déclinantes de la phase prémenstruelle et de la lune décroissante s'incarnent dans l'archétype de l'Enchanteresse. Enfin, la phase menstruelle, associée à la lune sombre, est représentée par l'archétype de la Sorcière.

Phase 1 : Sorcière durant les menstruations

Qu'est-ce qui se passe dans mon body ?

Le premier jour de vos règles marque le début de votre cycle. Les règles varient généralement entre 3 et 7 jours selon les femmes. Physiquement, votre niveau de progestérone – l'hormone qui prépare l'utérus pour une éventuelle grossesse – baisse et cela provoque la dégradation de la paroi interne de l'utérus, d'où le sang. À mesure que la menstruation commence, les hormones sexuelles clés (progestérones et œstrogènes) diminuent fortement. Et votre col ? Il est ferme, bas et légèrement ouvert pour permettre le passage du sang menstruel.

Et mon mood ?

Émotionnellement, votre énergie est au plus bas. Vous êtes introvertie, détachée et introspective. Le réel, trop terre à terre, prend moins d'importance et les petites préoccupations quotidiennes vous agacent. C'est une période de repli sur soi, d'écoute. Les émotions remontent aisément à la surface, et votre sensibilité est à fleur de peau. Vous avez besoin d'amour et de réconfort. Les doux câlins sont les bienvenus, vous avez besoin de communion profonde des sentiments.

Pourquoi la Sorcière ?

Parce que c'est une solitaire, une sauvage, comme la femme pendant son cycle. La Sorcière n'est pas un personnage rationnel. Elle suit son intuition, sa capacité à sentir des choses qui « ne sont pas de ce monde ». Elle incarne à la fois l'obscurité et l'expérience, la sagesse. Inspirez-vous d'elle pour faire le bilan du mois et pour vous régénérer durant cette période.

Phase 2 : Vierge durant la phase pré-ovulatoire

Qu'est-ce qui se passe dans mon body ?

La phase pré-ovulatoire (ou folliculaire) commence après la menstruation et dure 7 à 10 jours. Elle correspond au moment où le corps va préparer les ovaires pour une potentielle fécondation. Physiquement, comment ça se passe ? Votre cerveau libère une hormone appelée « hormone stimulante folliculaire » : comme son nom l'indique, elle stimule la maturation des follicules, des cellules présentes dans les ovaires et impliquées dans l'ovulation. Puis c'est l'hormone lutéinisante, responsable de l'ovulation, qui est libérée. Ce processus de maturation produit de l'œstrogène, qui épaissit les nutriments et le sang de la muqueuse de votre utérus et fournit un ovule mature. Côté corporel, votre liquide cervical (les fameuses pertes blanches) prend une consistance plus humide et « crémeuse ». Votre température (au réveil et après 6 h de sommeil) est relativement basse : elle varie entre 36,2 et 36,5 °C.

Et mon mood ?

Émotionnellement, c'est une phase de renaissance, d'énergie et d'enthousiasme ! La menstruation passée, le corps est plus mince, plus alerte – on pourrait presque dire plus « jeune » !

– après le processus de détox des règles. Les niveaux d'œstrogène et de testostérone (voir p. 23) augmentent graduellement, ce qui vous stimule physiquement et mentalement. Vous débordez de dynamisme, êtes plus résistante et vous avez l'énergie pour enclencher de nouveaux projets. Vous éprouvez une joie de vivre, un enthousiasme, une créativité boostée et des capacités cérébrales accrues. En somme, vous vous sentez bien dans vos baskets ! Ouverte aux autres, sensuelle et coquette, vous êtes aussi plus indépendante. Profitez !

Pourquoi la Vierge ?

La Vierge correspond à un caractère actif, en cette période d'énergie, de confiance, riche en inspiration. C'est une femme indépendante qui sait ce qu'elle veut. Parce que c'est la période du cycle qui précède l'ovulation, la femme ne peut pas tomber enceinte et n'est pas réduite à sa capacité à donner la vie. Elle vit pour elle, dans toute sa force (d'où une créativité boostée).

Phase 3 : Mère durant l'ovulation

Qu'est-ce qui se passe dans mon body ?

La phase ovulatoire est la phase la plus courte du cycle. Elle dure seulement 2 à 3 jours ! C'est le point culminant de votre cycle. Juste avant l'ovulation, une poussée d'hormones déclenche la libération de l'ovule mature dans la trompe de Fallope. L'œuf survivra 12 à 24 heures pour être fertilisé ; sinon, il sera évacué. Côté utérus, votre col devient mou, monte plus haut (pour aider l'ovule à obtenir le meilleur sperme) et s'ouvre. Votre liquide cervical est très clair ou visqueux (comme le blanc d'œuf) et assez élastique. Votre température augmente de 0,5 °C.

Et mon mood ?

Émotionnellement, vous êtes rayonnante ! Les œstrogènes et la testostérone continuent à grimper jusqu'à atteindre des niveaux maximaux ; ces hormones renforcent tous les effets ressentis au cours de la phase folliculaire : plus d'énergie, une meilleure humeur et un dynamisme à toute épreuve ! Vous vibrez d'une confiance en vous infaillible, qui vous donne envie d'aider les autres. Votre énergie est focalisée vers l'extérieur : vous recherchez le partage, la communion, les interactions, le contact avec les autres et avez des envies de nature. Vous avez besoin de vous exprimer, aussi bien à l'oral qu'à travers votre créativité. Sous la couette, c'est chaud-chaud ! Votre libido est au maximum. Vos câlins amoureux se transforment en fusions torrides, impulsives et orientées 100 % plaisir.

Pourquoi la Mère ?

Pendant la phase Vierge, vous rayonniez d'un amour indépendant et un peu égoïste. Pendant la phase Mère, ce rayonnement change : l'amour est toujours clé, mais il est tourné vers les autres, vers vos amis, votre partenaire, votre famille. C'est une phase marquée par la générosité. Vous voulez être là pour les autres, les soutenir et les réconforter.

Phase 4 : Enchanteresse durant la phase post-ovulatoire

Qu'est-ce qui se passe dans mon body ?

Cette phase dure généralement de 12 à 16 jours. Une fois que l'œuf a voyagé dans la trompe de Fallope (environ 24 heures), il atteint l'utérus. Votre corps commence alors à produire de la progestérone. Cette hormone permet à votre utérus de continuer à construire sa muqueuse (pour accueillir l'œuf). Au cours de la deuxième semaine de la phase post-ovulatoire (dite aussi « lutéale »), si l'œuf n'est pas fécondé, les niveaux d'œstrogène et de progestérone chutent brusquement. Cette chute entraîne la perte de la paroi utérine nutritive, qui sera nettoyée durant vos prochaines règles ! Côté physiologique, votre fluide cervical perd de sa consistance élastique ou humide et commence à devenir collant (pour bloquer le passage du sperme) ; votre température est relativement élevée.

Et mon mood ?

Émotionnellement, vous entrez dans une phase d'intériorisation. Vous avez aussi un besoin profond de vous reconnecter avec vous-même. Cela peut passer par une pratique d'ordre spirituel, magique ou intuitif. Vous avez une petite baisse de régime côté force et résistance physiques. Mais cela laisse aussi place à des énergies créatrices et intuitives ! Si vous sentez que ces énergies sont trop fortes, canalisez-les grâce à du sport et/ou des activités créatrices. Refoulées, elles peuvent se manifester sous la forme d'une attitude exigeante, d'un sentiment d'insécurité, de nervosité ou d'hyperactivité. Vos émotions sont en dents de scie et vous pouvez vous montrer irritable, intolérante et en colère, incapable de prendre du recul. Même au niveau love story, vous pouvez vous montrer plus agressive, exigeante et vous orienter vers une satisfaction personnelle (l'Enchanteresse est d'ailleurs l'archétype de l'érotisme). Durant cette période, vous êtes plus agitée et émotive : une vraie éponge ! Vous avez par ailleurs du mal à vous concentrer et les difficultés de la vie quotidienne vous semblent colossales. Ne réagissez pas au quart de tour ! Vous risqueriez de le regretter par la suite. Utilisez cette énergie intense pour créer et vous investir dans quelque chose qui vous tient à cœur. Si vous l'acceptez, elle deviendra une force !

Pourquoi l'Enchanteresse ?

Beaucoup de contes ont créé des femmes stéréotypées, de la gentille princesse sans défense à la détestable marâtre. Grossière erreur ! Notre caractère n'est pas linéaire : il est éternellement cyclique, entre ombre et lumière. L'Enchanteresse, c'est cette part d'ombre que vous cachez en vous et que vous devez apprendre à aimer. Vivez au rythme de la lune : elle aussi a un visage obscur qu'elle arrive à transcender !

Je rééquilibre mon cycle

J'apprends à gérer mes syndromes prémenstruels

Plus de 70 % des femmes souffrent de syndromes prémenstruels, aussi appelés SPM. Il s'agit de symptômes récurrents qui se manifestent quelques jours à 2 semaines avant les règles, après l'ovulation. Cela recoupe pas moins de 150 symptômes, qui peuvent être biologiques, psychologiques et/ou comportementaux. Les plus courants sont l'irritabilité, les sautes d'humeur, l'anxiété, la mauvaise estime de soi, la fatigue et les troubles du sommeil pour l'aspect psychologique. Au niveau biologique, les ballonnements, la rétention d'eau, la sensibilité des seins, les maux de tête et les fringales (entre autres) sont aussi fréquents.

D'où viennent-ils ?

La cause réelle des syndromes prémenstruels est assez simple : ils sont généralement provoqués par un déséquilibre hormonal. Le taux d'œstrogènes est bien plus élevé que la progestérone au cours de cette seconde moitié du cycle. Il est possible d'agir pour retrouver cet équilibre (voir p. 21).

Mes astuces pour résister aux envies de grignotage

- **Gérez votre niveau de stress :** celui-ci peut générer des faims émotionnelles. Pour éviter cela, assurez-vous de dormir 7 à 8 heures par nuit, faites de l'exercice et réduisez votre consommation de caféine et d'alcool. Les exercices body & mind, comme le yoga, la respiration, la méditation, le qi gong et le tai-chi sont également d'excellents moyens de réduire le stress et les fringales !
- **Passez votre régime alimentaire à la loupe :** ce que vous interprétez comme un manque de sucre peut en fait indiquer un manque de certains nutriments. Assurez-vous d'avoir une alimentation équilibrée, avec assez de glucides complexes, de protéines, de graisses de bonne qualité, de vitamines et de minéraux.
- **Préparez-vous un bol de soupe miso** avec vos ingrédients préférés (céleri, carottes, choux, oignons, tofu et algues). Idéal pour stopper une fringale !
- **Ajoutez un peu de sel de mer dans vos plats** ou dans de l'eau (boire une tasse d'eau tiède avec une petite quantité de sel dedans aide à dissiper les envies de sucre).
- **Savourez quelques pickles :** les légumes marinés sont un bon coupe-faim !
- **Mangez un peu de gingembre :** un thé au gingembre est un excellent substitut à une envie émotionnelle de chocolat. Ajoutez du citron et du miel pour réchauffer votre corps et votre humeur.

SOS bobos...

Durant vos règles, si votre cycle n'est pas stable, vous pouvez éprouver des débordements de flux qui vous laissent sans force ou des crampes douloureuses qui vous clouent au lit.

D'où viennent mes crampes ?

Pour beaucoup de femmes, les crampes menstruelles peuvent être extrêmement douloureuses, voire parfois les empêcher de faire quoi que ce soit ! On les nomme « dysménorrhée » dans le jargon médical (du grec signifiant « écoulement difficile des règles » !). Elles sont causées par une substance appelée prostaglandine, qui provoque la contraction des muscles utérins et, par là, douleurs ou palpitations dans le bas de l'abdomen. Cette douleur irradie souvent le bas du dos et les cuisses et peut durer des jours... durant lesquels on se sent assez misérable ! Beaucoup de femmes prennent des analgésiques pour soulager temporairement leur douleur. Mais sachez qu'il existe de meilleures alternatives naturelles, plus appropriées pour une utilisation à long terme !

Mes 5 alliés en cas de crampes

La chaleur

Elle aide à détendre les muscles contractés par l'utérus. Appliquez une bouillotte, une serviette chaude ou une gourde d'eau chaude sur l'abdomen et le bas du dos pendant 20 minutes. Les boissons chaudes peuvent elles aussi se révéler efficaces : les liquides chauds augmentent le flux sanguin vers la peau et peuvent détendre les muscles à l'étroit.

Le gingembre

Sa racine est un analgésique naturel. Il aide à réduire les niveaux de prostaglandines dans votre corps. Ajoutez du gingembre à votre nourriture ou faites-vous un thé en râpant un petit morceau de racine de gingembre dans une tasse d'eau bouillante et en laissant infuser 10 minutes.

Le massage aux huiles essentielles

Massez-vous le ventre pendant 20 minutes avec 5 gouttes d'huile essentielle diluée dans de l'huile végétale. Optez pour de l'huile essentielle de camomille, de sauge sclarée, de thym rouge, de menthe poivrée, de géranium ou de cyprès.

Le calcium et le magnésium

Ils sont importants pour la fonction musculaire normale et la contraction. Prenez un supplément en magnésium et calcium en combinaison pendant 2 mois.

L'huile d'onagre

Elle est riche en acide gamma-linolénique (AGL) qui interfère avec la production de prostaglandines et peut soulager les crampes menstruelles, ainsi que les ballonnements, les maux de tête et les seins douloureux. Prenez de l'huile d'onagre pendant au moins 2 mois pour profiter de ses vertus.

SOS saignements excessifs

Les saignements menstruels excessifs (ou « ménorragie ») sont non seulement désagréables, mais ils peuvent aussi entraîner des complications (anémie, fatigue). La perte de sang moyenne au cours d'un cycle est de 30 à 80 ml (soit l'équivalent de 2 à 6 cuillerées à soupe). C'est moins que vous ne le pensiez, non ? Si votre saignement est supérieur à 80 ml (environ 16 serviettes hygiéniques ou tampons imbibés) par période menstruelle, ou si le saignement est suffisamment intense pour interrompre vos activités, il est possible que vous souffriez de ménorragie. Les causes sont multiples et variées : excès d'œstrogènes pour un déficit en progestérone (voir p. 23 pour rétablir cela), fibromes utérins et polypes, endométriose, syndrome des ovaires polykystiques (SOPK), stérilet... Consultez votre gynécologue si vous avez l'un de ces symptômes. En parallèle, il existe aussi de nombreuses alternatives naturelles pour vous aider.

Je réduis les saignements avec l'HE de cyprès

L'une d'entre elles est l'huile essentielle de cyprès, qui resserre et renforce les tissus, resserre les vaisseaux sanguins, arrête les saignements et soulage la douleur. Vous l'aurez compris : excellent remède pour les saignements trop importants !

Mon automassage à l'HE de cyprès

Ajoutez 10 gouttes d'huile essentielle de cyprès à 2 cuillerées à soupe d'huile de base (huile de coco, d'amande ou d'olive, par exemple) pour obtenir une huile de massage. Massez lentement votre abdomen, dans le sens des aiguilles d'une montre, avec vos deux mains : commencez en bas à droite et massez 20 à 30 fois. Placez ensuite vos mains sous votre cage thoracique, de part et d'autre de votre torse et massez 5 à 6 fois en direction de l'aine. Cette routine d'automassage est simple et ne prend que 5 minutes ! Elle aide à réduire les règles abondantes et à atténuer les crampes, tout en relaxant votre corps et en calmant votre esprit. Commencez quelques jours avant, puis continuez quotidiennement tout au long de vos règles pour obtenir un bénéfice maximal.

J'apprends à gérer mes règles irrégulières

Qu'est-ce que des règles irrégulières ?

Dans un monde idéal, votre cycle fonctionne comme une horloge, il est parfaitement réglé ! Mais dans la réalité, ce n'est malheureusement pas si simple. De nombreux éléments peuvent influencer sur la régularité de vos règles. Il n'est donc pas rare d'avoir des cycles menstruels plus courts ou plus longs selon les périodes. Si votre cycle arrive 7 jours plus tôt ou plus tard que prévu, vos règles restent normales. Toutefois, si le délai est supérieur à 7 jours, il s'agit d'une véritable irrégularité et il est donc important de comprendre ce qui peut l'avoir causée pour la traiter.

D'où viennent les règles irrégulières ?

Elles peuvent être provoquées par un déséquilibre hormonal, une perte de poids excessive, de l'anorexie ou de la boulimie, de l'anémie, une pratique sportive trop intensive, du stress… Les raisons sont multiples et variées, et pour certaines d'entre elles, il est bon de consulter un médecin. Dans le cas d'un problème hormonal, il s'agit généralement d'un dysfonctionnement de votre processus d'ovulation : elle ne se produit pas ou est peu fréquente. Lorsque l'ovulation est perturbée, le corps ne produit pas une quantité suffisante de progestérone, qui joue un rôle important dans la régulation des cycles menstruels. Cela entraîne donc des règles non régulières (voir la partie sur les hormones, p. 20, pour vous aider). Si vous êtes préoccupée par des règles irrégulières, le mieux est de commencer à suivre vos cycles menstruels pendant quelques mois tout en essayant de comprendre ce qui les provoque.

Mes 5 remèdes naturels pour réguler mes règles

- **Le gattilier**
  Il augmente la libération de LH (hormone lutéinisante), donc par ricochet la progestérone, et rééquilibre le taux d'hormones en cette seconde moitié de cycle. C'est un remède approuvé contre les irrégularités menstruelles, les syndromes prémenstruels et les douleurs aux seins. Faites une cure de gattilier bio en gélules pendant 3 mois.

- **Le gingembre**
  Encore lui ! Le gingérol présent dans le gingembre aide à traiter les menstruations irrégulières. C'est un anti-inflammatoire, il réduit donc efficacement l'inflammation des tissus et des organes pelviens, l'une des autres principales causes des règles irrégulières, lourdes et douloureuses. Vous pouvez ajouter du gingembre à vos plats en cuisine ou mâcher quelques tranches cristallisées de gingembre confit en guise de collation. Préparez-vous aussi des tisanes miel-gingembre pour rééquilibrer vos niveaux hormonaux… et vous régaler par la même occasion !

- **L'ashoka**
  Cette plante indienne utilisée dans la médecine ayurvédique aide à tonifier l'utérus et à maintenir un système de reproduction féminin sain. Elle est utile pour réguler le cycle et le flux. Tentez une cure d'ashoka en gélules pendant 3 mois.

- **L'agripaume**
  Elle aide à réguler les cycles menstruels et soulage les douleurs grâce à ses propriétés antispasmodiques. Le must : elle aide à provoquer la menstruation en cas de règles tardives ou d'absence de règles. Vous pouvez la prendre en extrait ou en gélules pendant 3 mois.

- **L'aloe vera**
  Elle aussi joue un rôle de régulateur hormonal naturel. Consommez 2 cuillerées à soupe d'aloe vera (jus ou gel) à jeun le matin, pur ou mélangé à de l'eau ou du jus. Faites une cure de 3 mois.

Je fais attention à mon poids !
Pensez à maintenir un poids santé : les femmes en surpoids ou sous-poids ont souvent tendance à avoir des cycles menstruels irréguliers. La première peut avoir un taux d'œstrogènes élevé et la seconde, souffrir d'un déficit. La conséquence est cependant la même ! En termes de poids, on privilégie donc le healthy au skinny !

Je rééquilibre mes hormones

Le mode de vie (manque de temps, stress, aliments transformés...) peut jouer un rôle dans l'équilibre hormonal. Voici un petit état des lieux des hormones clés du cycle ; il vous permettra de mieux comprendre comment elles fonctionnent pour apprendre à les réguler.

Les œstrogènes, hormones du féminin

Les œstrogènes sont l'essence même de votre féminité. Elles rendent votre peau souple et éclatante, vos yeux brillants, vos seins pleins, votre esprit clair et net, et votre humeur élevée et stable. Elles sont aussi appelées « hormones de croissance » car elles jouent un rôle important dans le développement de la muqueuse utérine et la maturation de l'ovule. Elles régulent votre cycle menstruel et vous gardent jeune ! Bien utiles, non ? Mais la fluctuation d'œstrogènes et ses excès (ou carences) peuvent également créer toute une série de problèmes pendant le cycle. Lorsque vos règles arrivent, votre niveau d'œstrogènes est très bas. Il commence à augmenter après la menstruation et atteint son niveau maximal au moment de l'ovulation (12 à 16 jours avant vos prochaines règles). Puis il diminue lentement avant d'augmenter de nouveau, environ 1 semaine après l'ovulation. Enfin, il baisse à nouveau jusqu'à la fin de vos règles ; c'est reparti pour un nouveau cycle. De vraies montagnes russes !

Comment mesurer mon niveau d'œstrogènes ?

Supposons que vous ayez un cycle de 28 jours. Si vous vous sentez bien uniquement du jour 7 au jour 14 (soit au moment du pic d'œstrogènes), vous êtes probablement déficiente en œstrogènes. Vous risquez alors de souffrir de symptômes prémenstruels quelques jours avant et pendant vos règles. Si ces symptômes sont limités à la période prémenstruelle (de l'ovulation à l'apparition de vos règles), cela peut indiquer que vous souffrez plutôt d'un excès d'œstrogènes ou d'un déficit en progestérone. Voici quelques signes qui pourront vous mettre la puce à l'oreille.

Les signes de carence en œstrogènes

- **Émotions et mental :** anxiété, dépression, sautes d'humeur, oublis, faible concentration.
- **Corps :** bouffées de chaleur, sueurs nocturnes, perte d'éclat de la peau, yeux et peau secs, fatigue, endurance réduite, augmentation de l'appétit et prise de poids, insomnies, maux de tête/migraines, douleurs au dos ou aux articulations.
- **Love story :** sentiment de sensualité atténué, image de soi affaiblie, négligence de son apparence, sécheresse vaginale, baisse de libido.
- **Cycle menstruel :** cycles irréguliers, absence de règles, périodes rares ou abondantes, sentiment de normalité uniquement pendant la deuxième semaine du cycle.

Les signes d'excès d'œstrogènes

- **Émotions et mental :** nervosité, irritabilité, explosion de colère, impatience, mais aussi lucidité.
- **Corps :** sensibilité ou douleur à la poitrine, augmentation de la taille des seins, rétention d'eau, prise de poids, nausées, ballonnements, envies de sucre, troubles du sommeil.

- **Love story :** sens aigu de sa féminité et de sa sexualité, fibromes, kystes ovariens.
- **Cycle menstruel :** saignements abondants, sang rouge foncé ou avec des caillots noirs, crampes douloureuses, syndrome prémenstruel.

Les 5 étapes pour réduire naturellement mon excès d'œstrogènes

- **Étape 1 : je détoxifie mon foie**
  Un foie congestionné ne parvient pas à dégrader l'œstrogène, ce qui entraîne une accumulation excessive au fil du temps. Faites une cure de plantes hépatiques, telles que le pissenlit, la bardane, l'artichaut, le radis noir ou le guduchi. Tentez aussi des techniques pour gérer votre stress et vos émotions comme la frustration, la colère et le ressentiment ; ils sont directement liés au foie dans les médecines traditionnelles !
- **Étape 2 : j'évite les xénoestrogènes**
  Les xénoestrogènes sont des produits chimiques qui imitent les fonctions de nos œstrogènes naturels. Ils se trouvent dans la viande et les produits laitiers du commerce, les aliments contenant des pesticides ou des additifs, les parabens, les phtalates, les produits à base de soja et les pilules contraceptives. Si vous en voyez, fuyez !
- **Étape 3 : je change mon régime alimentaire**
  Réduisez l'alcool et la caféine, qui perturbent le fonctionnement du foie. Consommez des produits bio. Intégrez dans votre alimentation des aliments anti-inflammatoires, comme les bleuets, les raisins et le curcuma ; elle soutiendra votre foie et vos intestins. L'œstrogène est éliminé dans l'urine et les selles : un bon transit est donc essentiel ! Hydratez-vous et mangez des aliments riches en fibres, tels que des fruits et légumes frais, des pruneaux réhydratés, des graines de lin, etc.
- **Étape 4 : je restaure l'équilibre de mes glandes surrénales**
  L'anxiété augmente le cortisol, la principale hormone du stress. Or le cortisol réduit la production de progestérone et bloque ses récepteurs. Le niveau de progestérone est alors faible, ce qui entraîne des ratios œstrogène/progestérone déséquilibrés, avec une dominance de la première. Prenez soin de vos glandes surrénales ! Ce sont elles qui synthétisent et relâchent les hormones dans le sang. Pour cela, prenez le temps de vous reposer et de méditer et utilisez des herbes antistress telles que l'ashwagandha (ginseng indien), la rhodiola, le maca ou l'astragalus, en cure de 3 mois.
- **Étape 5 : je booste ma progestérone**
  L'ovulation est la clé de la production de progestérone. Si elle n'a pas lieu, votre niveau de progestérone restera bas. Pour booster votre progestérone, favorisez votre ovulation ! Comment ? En mangeant certains aliments, riches en acide folique (légumes verts à feuilles, légumineuses, agrumes...), vitamines B12 (viandes, poissons, laitages, œuf) et B6 (banane, poissons, pois chiches, shiitake, graines), vitamines C (agrumes, poivrons, persil, kiwi...) et E (huie de germes de blé, tournesol, noisette, avocat...), zinc (huître, graines de courge,

lentilles…) et magnésium (fruits de mer, cacao, amandes…). Essayez également de faire une cure de gattilier (vitex). Cette plante augmente la libération d'hormone lutéinisante, ce qui augmente la progestérone.

6 solutions naturelles pour ma carence en œstrogènes

- **Mangez des aliments riches en œstrogènes**
  Les aliments riches en « phytœstrogènes » (les œstrogènes d'origine végétale) constituent un excellent substitut hormonal naturel. Cela inclut le soja, le millet, l'orge, les graines de lin, les lentilles, les haricots rouges, les haricots de Lima, le seigle, le riz brun, les pois chiches et presque toutes les graines. À vos salades !

- **Réduisez les aliments et boissons qui nuisent aux œstrogènes**
  Les stimulants tels que le café, l'alcool, le tabac, la cannelle, le gingembre et les épices chaudes, ainsi que les aliments raffinés et frits, sont nuisibles aux œstrogènes. De même, une intolérance au gluten peut aussi être un facteur contributif.

- **Prenez de la vitamine E**
  Vous pouvez obtenir de la vitamine E en comprimés ou à partir d'aliments tels que les graines de tournesol, amandes, épinards, blettes, avocats, arachides, feuilles de navet, asperges, feuilles de betterave et feuilles de moutarde.

- **Faites une cure de magnésium !**
  Il influence l'hypophyse pour produire les hormones qui régulent la production d'œstrogènes et de progestérone. Vous pouvez obtenir du magnésium en comprimés ou manger des aliments tels que les graines de citrouille et de tournesol, épinards, blettes, soja, graines de sésame, quinoa, haricots noirs, noix de cajou et haricots blancs.

- **Prenez du zinc**
  Le zinc est un minéral important qui favorise la fertilité. Il aide à libérer l'hormone stimulante folliculaire, ce qui déclenche une production d'œstrogènes et favorise l'ovulation. Vous pouvez prendre un supplément de zinc ou consommer des aliments comme les huîtres, le bœuf, l'agneau, les graines de sésame et de citrouille, les lentilles, les haricots garbanzo, les noix de cajou, la dinde et le quinoa.

- **Renforcez vos fonctions surrénales**
  En plus des aliments entiers, des vitamines et des minéraux, envisagez de prendre des herbes toniques, comme le maca, pour renforcer vos reins et vos glandes surrénales. Cela aidera à traiter la carence à la source, car les œstrogènes sont produits dans les surrénales. Essayez aussi des plantes pour traiter les problèmes d'humeur ou de sommeil liés à la carence en œstrogènes. Le millepertuis ou la valériane peut vous aider à soulager les sautes d'humeur et problèmes d'endormissement.

La progestérone, l'hormone qui permet la grossesse

Progestérone signifie «gestation» en latin. Son nom résume assez bien sa fonction la plus importante : aider une femme à concevoir et soutenir sa grossesse. Ses principales actions? Elle élève la température basale du corps (celle du réveil), alimente l'utérus en sang et en nutriments et renforce l'immunité afin de protéger l'œuf fécondé. Cette hormone permet aussi d'équilibrer les niveaux d'œstrogènes en faisant contrepoids. Sur le plan émotionnel, la progestérone est une hormone calmante, relaxante et sédative. Elle donne un sentiment de contentement et aide à dormir. Enfin, elle est essentielle au maintien de la régularité et à l'harmonie du cycle. Produite immédiatement après l'ovulation, elle atteint son niveau maximal 1 semaine environ avant les règles. Puis elle chute brutalement si l'ovule n'est pas fécondé. S'il est fécondé, le corps continuera à produire une grande quantité de progestérone pour soutenir le développement du fœtus pendant la grossesse.

Comment mesurer mon niveau de progestérone?

La progestérone tend à être en déficit, ce qui peut nuire à la santé de votre cycle. Les symptômes d'un déficit en progestérone sont : des règles irrégulières, symptômes prémenstruels avec maux de tête, colère, sautes d'humeur, douleur aux seins, irritabilité, insomnie ou une dominance en œstrogènes. Le mieux est de tester votre niveau de progestérone chez votre gynécologue. Les causes d'une faiblesse en progestérone sont elles aussi diverses : pas ou peu d'ovulation, une dominance de l'œstrogène, une fatigue surrénale, une résistance à la progestérone (un taux élevé de cortisol dans le corps entre en compétition avec la progestérone), voire une faiblesse de la thyroïde (les hormones thyroïdiennes aident elles aussi à produire la progestérone).

Les 4 tips pour augmenter ma progestérone

- **Mangez des aliments qui favorisent l'ovulation**
  Outre le stress et la mauvaise santé, la carence nutritionnelle est une des principales causes d'absence d'ovulation. L'acide folique, les vitamines B 12 et B6, les vitamines C et E, le zinc et le magnésium sont utiles pour favoriser l'ovulation et augmenter les niveaux de progestérone.

- **Prenez du gattilier!**
  Il augmente la libération de LH (hormone lutéinisante), et donc la progestérone. Il peut également contrebalancer les effets d'une autre hormone qui, elle, supprime la production de progestérone.

- **Diminuez votre dominance en œstrogènes** (voir p. 21)
  Lorsque les niveaux d'œstrogènes sont trop élevés, les niveaux de progestérone deviennent relativement faibles.

- **Prenez des suppléments naturels pour lutter contre la fatigue surrénale**
  Prenez des plantes connues pour soutenir vos fonctions rénales et surrénales : l'ashwagandha, le ginseng éleuthéro ou sibérien, le maca, ou bien la racine d'astragale.

La testostérone, notre hormone masculine

C'est l'hormone masculine (ou du yang), qui stimule notre désir et nous pousse à l'action. On en possède généralement en taux assez faible, bien qu'elle fasse une poussée au moment de l'ovulation et augmente légèrement juste avant les règles. Elle améliore la sensibilité de nos seins et de notre clitoris, pour augmenter le plaisir.

Je suis mon cycle et j'en prends soin

Voilà, vous savez tout des différentes phases de votre cycle et des hormones qui y jouent un rôle. Votre but : prendre en compte tout cela pour adopter un mode de vie healthy et adapté à chaque phase. Prendre soin de votre cycle, le vivre en conscience et vous synchroniser avec lui vous permettra d'optimiser votre potentiel et de tirer le meilleur de chaque phase, car elles ont toutes leur importance. Aimez votre cycle et votre cycle vous aimera en retour !

Je suis mon cycle menstruel

Suivre de près votre cycle menstruel, c'est vous aider à planifier votre mois. Vous anticiperez vos phases et prendrez les mesures les plus adaptées pour soutenir votre corps et votre esprit. Un exemple : avant le premier jour de vos règles, vous aurez certainement besoin de vous accorder du calme ou de faire le plein d'aliments sains et curatifs pour mieux appréhender vos crampes, sautes d'humeur ou fringales. Tout ça, ça se prévoit !

Comment ?

L'agenda féminité sera votre meilleur allié ! Vous trouverez, au début de chaque mois, une roue lunaire : coloriez vos jours de règles et servez-vous-en comme repères. Vous pouvez aussi dessiner des gouttes pour évaluer la puissance de votre flux : 1 goutte pour un flux léger, 2 pour un flux moyen et 3 pour un flux abondant. Dans cette même roue, vous disposez aussi de trackers pour suivre vos symptômes prémenstruels et menstruels au cours du mois. Vous pouvez colorier les cases qui vous correspondent ou indiquer des + ou – pour les quantifier. Appropriez-vous ces trackers et ajoutez-en si besoin ! Le but est d'apprendre à connaître votre cycle, son rythme et ses caractéristiques spécifiques pour mieux les apprivoiser.

Je me synchronise avec le cycle de la lune

Suivre votre cycle en observant celui de la lune est un excellent moyen de vous connecter à vos rythmes naturels. Si vous avez des règles irrégulières, cela vous aidera à trouver un rythme. Vous mettre en rythme avec la lune ouvre une connexion directe avec les éléments et la nature, vous vous sentirez faire partie de l'univers, vibrer au même rythme. Rien de mieux pour vous sentir en pleine possession de votre féminin sacré.

Les 5 tips pour synchroniser mon cycle menstruel avec la lune

- Utilisez cet agenda pour votre suivi : la roue des lunes comporte un calendrier lunaire !
- Connectez-vous à l'énergie de la lune et de ses différentes phases pour réguler votre propre énergie et maintenir l'équilibre entre donner et recevoir : lâchez prise lors de votre menstruation (le sang qui coule en est une belle métaphore !) ; notez vos intentions lors de la nouvelle lune ; commencez des projets quand la lune croît et donnez aux autres, ouverte sur l'extérieur ; célébrez vos réalisations à la pleine lune et, à mesure qu'elle diminue, revenez à vous-même, à votre intériorité.
- Embrassez l'énergie particulière de la pleine lune. Pour cela, faites face à la lune quand elle se lève et respirez doucement, comme pour vous remplir de ce qu'elle dégage. Faites cela chaque mois. Le meilleur moment ? Entre la nouvelle lune et jusqu'à 5 jours après la pleine lune ; c'est là que l'énergie lunaire est la plus puissante.
- Ayez une bonne routine pour rythmer votre corps : levez-vous à la même heure, dormez suffisamment, dans une chambre sombre et sans vibrations électroniques, mangez sainement et prenez soin de vous.
- Connectez-vous à la nature. Sortez et marchez chaque jour pendant 20 à 30 minutes. Cela ne pourra que vous faire du bien !

Je prends soin de mon utérus

Vous pouvez utiliser le marque-page de ce livre pour marquer vos règles !

En Chine, l'utérus est appelé « le palais intérieur d'une femme ». Poétique, non ? Et très juste aussi. C'est un lieu sacré qui nécessite des soins et une attention particulière. Beaucoup de déséquilibres menstruels peuvent être évités et guéris si l'on prend mieux soin de son utérus. Voici de quoi vous aider !

12 conseils pour soigner votre utérus

1. Évitez les produits contenant des xénoestrogènes.

Les xénoestrogènes sont des œstrogènes étrangers qui imitent les fonctions de nos œstrogènes naturels. Ils ont tendance à réduire l'élasticité de la paroi utérine, la rendant plus mince et plus fragile (voir les aliments xénoestrogènes, p. 21).

2. Mangez beaucoup d'aliments riches en acides gras oméga-3

La prostaglandine est une substance ressemblant à une hormone qui peut provoquer une contraction excessive de l'utérus, engendrant ainsi une douleur et des risques de malposition de l'utérus. Les acides gras oméga-3 contenus dans des aliments tels que le maquereau et le saumon aident à réduire l'inflammation et la sécrétion de prostaglandines. Ajoutez un peu de poisson à votre dîner, 2 à 3 fois par semaine. Si vous êtes végétarienne ou végane, envisagez de prendre un supplément d'huile de lin ou d'onagre.

3. Exercez vos muscles pelviens

Les exercices tels que la marche, le jogging, le vélo, la danse, qui font travailler tout le corps, sont non seulement bénéfiques pour la santé, mais profitent également à l'utérus en favorisant la circulation sanguine dans la région pelvienne. La natation, en particulier, est bien utile pour renforcer l'utérus.

4. Évitez les pilules contraceptives sur du long terme

Des recherches ont montré que l'utilisation continue de la pilule contraceptive pendant plus de 8 ans pouvait perturber l'équilibre hormonal naturel du corps et augmenter les risques de développer des fibromes. Explorez d'autres méthodes contraceptives moins nocives, elles ne manquent pas !

5. Ne vous retenez pas d'aller aux toilettes

Si vous avez envie d'aller aux toilettes, n'attendez pas ! La rétention d'urine peut entraîner l'accumulation de déchets, provoquant une infection de la vessie, qui peut se transformer en infection vaginale et pelvienne. De plus, une vessie habituellement dilatée peut créer une pression excessive sur l'utérus, ce qui le fait bouger. Évitez !

6. Arrêtez de fumer

Savez-vous que le tabagisme à long terme a un effet particulièrement nocif sur l'utérus ? Des recherches effectuées en Angleterre ont montré que les substances cancérigènes présentes dans les cigarettes avaient tendance à se concentrer dans les fluides corporels autour du col de l'utérus. On n'a aucune certitude sur le fait que cela puisse causer un cancer du col utérin, mais une chose est sûre : ce n'est pas bon pour lui !

7. Bougez !

Rester assise trop longtemps à votre bureau sans faire d'exercice n'est pas idéal : vous bloquez ainsi la circulation sanguine et énergétique dans la région pelvienne. Ceci peut provoquer un épaississement de la paroi utérine et augmenter les risques d'endométriose. Alors, levez-vous et bougez toutes les heures environ !

8. Massez votre abdomen avec de l'huile essentielle de rose

Mettez 2 gouttes d'huile essentielle de rose dans votre paume. Réchauffez-les en frottant vos paumes. Passez-les ensuite de votre cage thoracique vers votre utérus en pressant bien. Massez plusieurs fois jusqu'à ce que la zone soit un peu chaude.

9. Gardez votre utérus au chaud

Le froid accumulé dans l'utérus est une cause fréquente de règles douloureuses et d'infertilité. Évitez de consommer des boissons et des aliments crus et froids pendant vos règles. Et couvrez-vous suffisamment pour garder votre corps et votre utérus au chaud !

10. Prenez un petit déjeuner nutritif avec des grains entiers

L'acide folique et le bêta-carotène aident à avoir un utérus en bonne santé. Consommez des grains entiers, riches en nutriments essentiels.

11. Faites attention à vos pertes vaginales

Des écoulements vaginaux excessifs, aqueux, étranges, sont des indications précoces d'un éventuel dysfonctionnement de l'utérus. Si cela arrive, prenez des mesures !

12. Boostez l'immunité de votre utérus

Le citron est riche en vitamine C et peut aider à renforcer l'immunité de l'utérus face aux bactéries externes. Commencez votre journée avec une tasse d'eau tiède avec du jus de citron. Effet booster garanti ! Vous pouvez également envisager de prendre des suppléments pour renforcer votre système immunitaire.

Je me reconnecte à mon énergie féminine

Vous reconnecter à votre féminin, ça passe par votre alimentation, votre lifestyle, vos émotions et votre conscience au monde. Quelques tips ici !

Food : j'équilibre mon cycle grâce à mon alimentation

Nous vous avons préparé quelques conseils nutrition pour adapter votre alimentation à chaque phase et avoir un mode de vie healthy. À vous de jouer !

Avant mes règles

Au cours de la phase lutéale (avant les règles), vous aurez probablement moins d'énergie, ce qui augmente vos fringales, et vous ressentirez le besoin de ralentir. Il est alors important de vous préparer des collations saines pour aider votre corps à se sentir mieux. La clé est de manger des repas légers, faciles à digérer, nutritifs et équilibrés, tout en évitant ou réduisant la consommation des aliments qui fatiguent le système nerveux, alourdissent le corps et gaspillent son énergie :

La black list des éléments à supprimer

- les sucres raffinés ;
- les aliments trop épicés ;
- l'alcool ;
- la caféine (elle diminue l'absorption du fer) ;
- le sel (l'excès de sodium augmente la rétention d'eau, ce qui provoque une sensation de ballonnement).

La top list des aliments à privilégier

- les graisses saines (pour rééquilibrer vos hormones en douceur) : les avocats, les noix, l'huile d'olive… ;
- les graines de sésame, qui ont une teneur élevée en zinc ;
- les graines de tournesol, avec leur taux élevé en vitamine E (à mettre dans vos smoothies, salades ou bowls, ce qui aidera votre corps à produire de la progestérone) ;
- les fruits riches en fibres pour éviter les ballonnements, les pommes, les dattes, les pêches et les poires ;

- les oléagineux comme les amandes, pour lutter contre les ballonnements et l'irritabilité des intestins ;
- les légumes crucifères tels que les brocolis, choux de Bruxelles, choux, chou-fleur et chou frisé (ils contiennent un phytonutriment qui soutient l'activité des enzymes pour améliorer le métabolisme de l'œstrogène) ;
- les céréales, comme le quinoa, le sarrasin ou le riz brun, qui peuvent aider à faire baisser l'excès d'œstrogènes ;
- les aliments riches en fer (noix, haricots, pois et lentilles) pour l'humeur et l'énergie ;
- l'eau (beaucoup !), qui favorise le transit intestinal régulier et lisse, ce qui aide à réduire les ballonnements et la stagnation dans la région abdominale.

Pendant mes règles

Pendant vos règles, surtout les deux premiers jours, votre niveau d'énergie est au plus bas, vous êtes fatiguée et repliée sur vous-même. C'est une phase un peu chaotique, on se demande souvent comment manger. La clé : mettre l'accent sur une alimentation qui vous apporte énergie et tonus, sans aggraver vos symptômes !

Blacklistez :

- les aliments froids et crus, qui sont difficiles à digérer et peuvent nuire à la circulation ;
- trop de protéines animales car votre système digestif est au ralenti (d'où les ballonnements !), tout votre organisme étant focalisé sur vos périodes ;
- les aliments transformés ou frits, car ils contiennent beaucoup de sodium et de glucides raffinés, ce qui augmente les ballonnements ;
- la viande rouge, car elle est trop lourde à digérer ;
- les fringales malsaines (barres chocolatées…) ;
- les boissons gazeuses, qui contiennent une grande quantité de sucres raffinés (ce qui peut augmenter vos crampes) ;
- le thé et le café trop forts (l'acide tannique contenu dans le thé peut affecter l'absorption correcte des protéines et du fer dans les aliments et renforcer les crampes).

Inscrivez dans votre top list :

- les boissons et aliments chauds ou à température ambiante ;
- les aliments riches en fer et vitamine B12 pour vaincre la fatigue : saumon, légumineuses, foie, jaunes d'œufs, épinards, huîtres, palourdes, coquilles Saint-Jacques, haricots, pois chiches, soja, raisins secs, produits laitiers, amandes ou poisson biologique. Vous pouvez également envisager de prendre un supplément de fer liquide, doux pour l'estomac et non constipant ;
- une alimentation végétarienne simple mais nourrissante, basée sur le plein de légumes (les verts sont au top !), céréales complètes, légumineuses, laitages et huiles de bonne qualité ;
- les morceaux de fruits, noix ou amandes riches en oméga-3 pour les fringales ;

- les boissons healthy : eau citronnée, verre de jus de fruit fraîchement pressé, tisane ou smoothie maison ;
- la tisane de feuilles de framboisier ou de gingembre frais, pour calmer vos crampes et réguler vos hormones ;
- le curcuma, la cardamome, le gingembre, la coriandre ou le cumin (ces épices sont anti-inflammatoires, donc idéales pour calmer votre système en surchauffe).

Après mes règles

C'est le moment optimal pour recharger votre corps. Concentrez-vous sur les aliments qui favorisent la production d'œstrogènes. Résultats : une meilleure humeur et une énergie au top ! Évitez les aliments sucrés (boissons gazeuses, bonbons, gâteaux…) car la fluctuation de la glycémie est l'une des principales causes des SPM, et la caféine rend sujette aux fluctuations de l'humeur (irritabilité, anxiété…). Misez sur…

- les aliments nourrissants pour le sang (haricots noirs, épinards, carottes, betteraves ou haricots rouges) ;
- l'ajout d'1 cuillerée à soupe de graines de lin et de graines de citrouille à votre salade, à votre porridge pour augmenter votre niveau d'œstrogènes ;
- les aliments riches en calcium, comme les laitages biologiques, les sardines, les légumes-feuilles (épinards, chou frisé, navets, chou vert), le soja ;
- les repas réguliers pour renforcer la digestion ralentie durant les règles ;
- les collations santé riches en vitamines B, comme les noix, les amandes et les noix de cajou, entre les repas. Votre appétit revient : cela le comblera de façon healthy ;
- les protéines de haute qualité (saumon, viande bio, œufs, tofu, tempeh ou haricots) pour vous nourrir sainement ;
- les infusions relaxantes comme la camomille, accompagnées de méditation ou de yoga pour faire face à l'agitation due au pic d'œstrogènes et vous détendre.

Je mange au rythme de la nature

En tant que femme, vous avez une connexion particulière à la nature. Logique, donc, de suivre le rythme des saisons pour vous alimenter ! Évitez les aliments importés ou hors saison. Choisissez des produits locaux, si possible bio ou issus de l'agriculture raisonnée. Le but est de vous rapprocher de la terre… mais là où vous vivez, pas de l'autre côté du globe ! Pensez toujours frais et local. Si vous êtes un peu perdue, cet agenda vous aidera en vous proposant chaque mois et chaque semaine des aliments et recettes de saison.

Lifestyle : je prends soin de mon corps

L'énergie féminine passe aussi par votre lifestyle. Le style de vie englobe tout ce que vous faites au quotidien. En le soignant, vous vous recentrez sur ce qui est important et vous vous reconnectez avec vous-même. La routine beauté peut en faire partie. En effet, les femmes, à l'énergie tournée vers le don et le partage, oublient souvent de prendre soin d'elles ! Il est donc capital de réintégrer ces moments dans votre routine, pour vous donner de l'amour, accepter votre corps de femme et vous laisser briller. Prendre soin de votre beauté n'est pas superficiel, c'est reprendre contact avec vous-même et avec votre féminin sacré. Votre beauté est unique et personne d'autre que vous n'a le droit de la définir. Vous êtes votre corps, apprenez à l'aimer et le chouchouter comme le temple sacré qu'il est !

Ma routine self-care pour cultiver mon féminin

Rien de mieux que les rituels beauté pour prendre soin de votre peau et vos cheveux, attributs de la féminité. Demandez-vous aussi ce qui vous fait vous sentir femme et quelles parties du corps cela implique. Pour chacune, les réponses seront différentes : pour certaines, ce sera prendre un bain moussant avec masque du visage et bougies ; pour d'autres, recevoir un massage ; d'autres encore préféreront se déhancher sur Shakira dans leur salon… Au quotidien, embrassez tout ce qui vous rattache à votre essence de femme. Rien de plus sexy qu'une femme qui s'affirme ! Dans votre agenda féminité, on vous propose chaque semaine des rituels et soins beauté pour vous aider.

Mes 4 besoins fondamentaux pour un lifestyle healthy

Notre mode de vie actuel a en quelque sorte entraîné notre esprit à ignorer nos besoins fondamentaux (dormir, manger, s'amuser), les remplacer ou les rationaliser. Mais leur petite voix se fait toujours entendre, et heureusement ! Ils sont un peu la clé de notre santé et notre bonheur. Petit tour d'horizon de ces besoins qui nous font du bien.

Besoin 1 : dormez suffisamment !

Le sommeil est le premier de ces besoins. Notre mode de vie actuel soumet le corps au stress, ce qui déclenche la surproduction de cortisol. Lorsque votre corps a besoin de produire plus de cortisol pour faire face au stress, il produit moins d'hormones bénéfiques au cycle. Ne pas dormir suffisamment, c'est donc un moyen sûr pour créer divers déséquilibres hormonaux. Cela affecte également notre fonction mentale et notre bien-être émotionnel. On ne culpabilise plus et on va dormir ! Si, pour certaines raisons, vous ne parvenez pas à bien dormir la nuit, essayez de faire une petite sieste pendant la journée.

Besoin 2 : mangez bien !

Lorsque vous ne mangez pas régulièrement, vous êtes grincheuse et irritable, non ? Il est donc important de manger régulièrement pour stabiliser votre glycémie : cela vous aidera à équilibrer votre humeur et à maintenir votre énergie physique et votre concentration mentale. De plus, la nourriture et l'eau ne nourrissent pas seulement votre corps. Elles nourrissent aussi votre âme. Manger est une source majeure de plaisir dans la vie, ne vous en privez pas (mais restez healthy dans vos choix) !

Besoin 3 : amusez-vous !

Entre le travail, la cession de sport, les courses, les factures... tout devient fastidieux et les journées semblent remplies d'une liste de tâches sans fin. Changez de regard et imaginez votre journée avec un maximum de fun. On peut s'amuser dans n'importe quelle activité et à tout moment ! Apportez curiosité, présence, plaisir et sens de l'humour à ce que vous faites et votre vie semblera bien différente. C'est aussi ça, la force d'une femme !

Besoin 4 : aimez !

Il est extrêmement important de ramener l'amour dans nos vies – en commençant par être moins dure avec nous-même et en nous aimant telle que nous sommes. Cela signifie prendre soin de vos besoins, qu'ils soient physiques, mentaux, émotionnels ou spirituels. Cela signifie aussi vous entourer de gens qui prennent soin de vous et de votre bien-être, accepter vos limites, et apprendre de vos erreurs sans critique ni condamnation. Donnez-vous aussi de l'amour physiquement, grâce à des rituels de soin. Et, surtout, soyez fidèle à vous-même ! C'est la meilleure façon de vous reconnecter à vous-même.

Mes 10 commandements pour un lifestyle healthy

C'est prouvé : les irrégularités menstruelles, le syndrome prémenstruel, la dépression et les sautes d'humeur peuvent être améliorés, voire éradiqués, si l'on prend soin de son mode de vie en y intégrant de bonnes habitudes. Les 10 actions ci-dessous visent à vous amener vers un lifestyle plus sain. Pratiquez-les au quotidien en n'oubliant pas vos 4 besoins fondamentaux !

1. Allez-vous coucher et réveillez-vous chaque jour à la même heure.
2. Faites au moins une chose agréable par jour.
3. Pratiquez une activité physique de façon quotidienne.
4. Adoptez une alimentation saine et équilibrée.
5. Méditez un peu tous les jours.
6. Prenez du temps pour vous pendant vos règles.
7. Hydratez-vous bien !
8. Faites au moins 2 séances d'entraînement cardio par semaine.
9. Minimisez la junkfood.
10. Prêtez attention à vos émotions en tenant un journal quotidien d'humeurs.

Émotions : je les comprends et les accepte pour être heureuse

Dans nos sociétés contemporaines, nous devons toujours être fortes, compétitives, au top de notre forme, performantes… Bref, nous devons développer des qualités masculines. Tout cela entraîne un profond déséquilibre en nous. Reconnectez-vous à vos émotions profondes de femme. Place à la créativité, la générosité, l'amour, l'empathie, l'harmonie et l'altruisme ! Pour embrasser ces émotions bénéfiques, commencez par identifier vos propres émotions, quelles qu'elles soient, en prenant une conscience profonde et réelle de ce que vous ressentez. Vous pourrez ainsi mieux comprendre et grandir.

Je fais le point sur mes émotions avec mes mood mandalas

Chaque jour, nos émotions varient telle une playlist éclectique ! Parfois, vos larmes monteront facilement ; d'autres fois, vous rirez beaucoup ; certains jours encore, vous ressentirez des pics de colère (parfois pour rien). Mais vos émotions sont aussi ce qui donne à vos journées cette saveur si particulière ! Les écouter et en être consciente est capital pour mieux comprendre votre cycle et vous connecter à votre féminité.

Comment ?

Pour reconnaître vos émotions, c'est facile ! Lorsque vous éprouvez une émotion, posez-vous la question suivante : « Comment je me sens ? » Soyez honnête avec vous-même et nommez votre expérience. Ressentez-la pleinement et complètement. Observez les pensées qui traversent votre esprit, les sensations dans votre corps. Ne jugez pas, que ce soit positif ou négatif. Regardez, écoutez et ressentez. Il peut être difficile de vous connecter à vos sentiments si vous en avez été déconnectée pendant longtemps. Votre agenda féminité va vous y aider en vous proposant de suivre vos émotions au quotidien. À chaque émotion sa couleur, et à chaque mois son mandala d'émotions. Et en bonus : un conseil « feel » par semaine pour vous aider à travailler sur vos émotions.

J'utilise mes émotions négatives comme moteur

J'accepte ce que je ressens

Que vous vous sentiez bouleversée, en colère, frustrée ou triste, rien n'est mal ni honteux. Vous ressentez cela à cause d'une accumulation de données : vos expériences passées, votre interprétation de l'actualité, vos systèmes de croyances actuels… Derrière chaque émotion, même négative, se cache un besoin non satisfait, présent ou passé. Comment le découvrir ? Le brillant Albert Einstein a un jour déclaré : « Vous ne pouvez pas résoudre un problème avec le même esprit qui l'a créé. » Utilisez cette approche pour traiter vos émotions négatives !

J'apprivoise mes émotions

Plus vous essayez de contrôler votre colère, plus elle explose violemment par la suite. Approchez vos émotions négatives différemment : prenez du recul et changez de regard. Vous ne devez pas rester dans le même état d'esprit qui a engendré cette émotion. Un exemple : certains jours, vous vous sentez stressée et dépassée? Vous voudrez peut-être courir partout et vous occuper pour évacuer : évitez! Cela ne fera qu'ajouter à votre anxiété. Tentez plutôt de ralentir le rythme, en vous attardant sur une petite tâche à la fois et en faisant de votre mieux. Bientôt, vous commencerez à vous sentir à nouveau calme, confiante et productive.

J'agis!

Les mouvements sont souvent précurseurs de nos émotions. Ces dernières se manifestent en effet par des mouvements dans notre corps et par des actions. Chaque fois que vous ressentez des émotions négatives, engagez-vous dans une action spécifique pour contrer cet effet. Celle-ci peut varier en fonction du contexte, mais elle doit toujours avoir une énergie opposée à votre sentiment négatif. Si vous êtes seule et triste, donnez de l'amour à quelqu'un. Si vous êtes blessée ou en colère, pardonnez. Pour aller mieux, il faut réellement décider de changer votre état d'esprit. Dans votre quotidien, le secret n'est donc pas de chercher à éliminer les émotions négatives, mais plutôt de poser vos intentions et les traduire en actes. Ainsi, vos émotions négatives seront peu à peu transcendées par des effets bénéfiques.

Je décide d'être heureuse

Je m'accepte telle que je suis

Lorsque nous nous sentons triste, déprimée ou malheureuse, nous avons parfois tendance à nous dévaloriser. Qui n'a jamais regretté de ne pas avoir plus d'argent pour pouvoir changer de travail ou voyager? Ou d'avoir un corps «parfait», qui aiderait prétendument à être heureuse? En réalité, l'herbe n'est pas forcément plus verte ailleurs : les personnes que vous admirez luttent souvent, elles aussi, pour arriver au bonheur! Être heureuse, ça se décide et c'est à vous de prendre cette décision tous les matins en vous réveillant. Vous avez le choix : vous pouvez passer la journée à ruminer des pensées négatives ou vous lever du lit et être reconnaissante pour cette journée et toutes les belles choses qui peuvent vous arriver. Chaque jour est un cadeau, voyez-le comme tel. Acceptez-vous telle que vous êtes, femme, fragile parfois, forte souvent. Votre bonheur ne dépend que de vous.

Les 20 tips pour un bonheur au quotidien!

Non, le bonheur n'est pas un accident : c'est une décision consciente qui demande parfois quelques efforts. Voici 20 habitudes à adopter pour s'engager sur le chemin du bonheur :

1. **Soyez reconnaissante,** de cette journée, de la vie en général, pour vous-même, pour les autres.
2. Choisissez judicieusement vos amis : des personnes optimistes, qui vous apprécieront comme vous êtes et qui peuvent rendre votre vie plus riche, amusante et significative.
3. Cultivez la compassion pour soigner son rapport à l'autre et gagner en objectivité.
4. Continuez à apprendre : votre esprit, en restant actif, laissera moins de place aux pensées négatives !
5. Trouvez des solutions : quand vous êtes face à un défi, ne perdez pas espoir et soyez créative.
6. Faites ce que vous aimez, notamment dans le travail.
7. Vivez le présent : vous ne serez ni déprimée en repensant au passé, ni inquiète en imaginant l'avenir. Quand vous vous sentez heureuse et en paix, vous vivez dans le présent.
8. Riez souvent, c'est l'antidote le plus puissant à la colère ou à la dépression !
9. Apprenez à pardonner : le ressentiment et la colère sont des formes d'autopunition. Le pardon est une gentillesse envers vous-même.
10. Dites « merci » souvent, c'est une forme de partage et de reconnaissance.
11. Créez des connexions profondes avec les autres.
12. Tenez votre parole : sur elle repose votre estime de vous-même. Et une haute estime de vous booste votre bonheur.
13. Méditez pour trouver l'équilibre émotionnel et atteindre la sérénité.
14. Concentrez-vous sur ce que vous faites : votre esprit, votre cœur et votre âme ne seront plus dérangés par des choses futiles. Au contraire, être absorbée dans ce que vous faites crée un état de bien-être appelé « flow ».
15. Soyez optimiste, voyez le verre toujours à moitié plein (si ce n'est pas le cas, entraînez-vous à inverser cette tendance).
16. Pratiquez l'amour inconditionnel en acceptant les gens tels qu'ils sont (et ça commence par vous-même.)
17. N'abandonnez pas, les projets inachevés et les défaites répétées freinent inévitablement votre estime de vous.
18. Faites de votre mieux et ne soyez pas attachée aux résultats, laissez les événements suivre leur cours sans regrets.
19. Prenez soin de vous : un corps en bonne santé est l'une des clés du bonheur.
20. Soyez dans le don : les études montrent (et le Dalaï-Lama confirme !) que les personnes qui se soucient davantage des autres sont les plus heureuses.

Spirit : je me connecte à la nature et à la femme sacrée en moi

Les femmes sont par essence des créatures spirituelles. Notre esprit recherche constamment un sens, une harmonie et une paix avec le monde qui nous entoure. Cette quête passe par une meilleure connexion avec la nature, la source de notre vie, mais aussi avec notre féminin sacré.

Je me connecte à la Terre mère via les énergies propres aux saisons, aux mois, aux semaines

En tant que femme, vous êtes naturellement liée à la nature et aux cycles du soleil et de la lune. Votre corps peut vivre en harmonie avec les saisons, qui apportent chaque mois des changements physiques mais aussi énergétiques (climat, fruits et légumes…). Apprendre à suivre ce tempo, c'est vivre en communion avec le rythme de la Terre. Dans votre agenda féminité, au début de chaque mois, vous serez guidée sur l'énergie du mois à venir et comprendrez en quoi cela va vous affecter. Chaque semaine propose des conseils et tips autour de l'alimentation et des lunes (chaque mois ayant une lune à la signification différente) ainsi que des propositions d'actions à réaliser.

Je m'accepte en tant que femme

Quel que soit l'âge de sa vie, notre plus grand atout est d'être femme et en accord avec cette énergie. Une femme qui s'accepte en tant que telle se sent complète. Son cœur est un sanctuaire, fort comme un roc et doux comme l'eau. Elle est passionnée et curieuse de la vie, empathique, humble et réconfortante. Comme cet amour s'étend aussi à elle-même, elle se respecte, même dans ses limites, et est fidèle à elle-même. Elle ne cherche pas l'attention ou l'admiration des autres, elle s'accepte tout simplement. Même lorsqu'elle traverse des hauts et des bas, elle ne flanche pas (on a tout de même le droit d'avoir des moments de faiblesse !) et garde son optimisme.

Je me penche sur mes valeurs spirituelles

Quelles sont vos valeurs spirituelles ? Comment vous voyez-vous au monde ? Comment vivez-vous votre vie et quels sont vos principes ? Être consciente de vos valeurs spirituelles est capital. Cela permet de les traduire en actes ! Elles sont en quelque sorte vos compétences spirituelles pour diriger votre énergie vers des niveaux plus élevés d'accomplissement. Il existe des centaines de valeurs, mais c'est à vous de savoir lesquelles vous guident vraiment. Cela peut être des valeurs altruistes, telles que la vérité, la bienveillance, la reliance (communion humaine), la modestie, l'unité, la compassion, la charité, l'empathie et l'amour. Ou des valeurs humanistes, telles que la sincérité, la justice, la bonté, le pardon, le courage, l'harmonie, la sagesse. Vous pouvez aussi vous reconnaître dans des valeurs personnelles, telles que la maîtrise de soi, l'altruisme, la fermeté, l'humilité, la droiture, la tolérance et le courage. Ou encore des valeurs affectives, telles que la tendresse, la douceur et le contentement. Qu'est-ce qui guide vos actes ? Pensez-y. C'est ce qui fait votre valeur personnelle, votre force et nourrit votre estime de vous. Être en phase avec vos valeurs vous permet d'être authentique, fière, forte. Cela nourrit votre féminin sacré.

Mes valeurs

....

....

....

....

Je me connecte aux autres femmes

Nous sommes toutes sacrées !

Dans le cœur de chaque femme se trouve le désir d'avoir des sœurs ou des amies précieuses pour s'ouvrir et partager sa vulnérabilité, ses joies, ses peurs et ses rêves. Les femmes sont des êtres sociaux : elles collaborent, soutiennent et savent former une communauté. Ensemble, on est plus forte et cette sororité a elle aussi un caractère sacré. Ce lien entre femmes est un lien ancien et authentique : dans de nombreuses traditions (celtiques, chamaniques ou encore amérindiennes), il existait des « cercles de femmes », lieux d'entraide et d'échange pour enseigner aux jeunes filles à être femme et transmettre un véritable mode de vie. Les femmes se rassemblaient aussi autour de la pleine lune et de la nouvelle lune pour des cérémonies et des rituels de guérison. De nombreuses traditions féminines comprenaient le respect de la Terre et de la déesse mère. Dans certaines cultures, cette tradition est toujours vivante.

L'union fait la force !

Aujourd'hui, les femmes récupèrent leur pouvoir spirituel et leur sagesse innée et recréent des communautés de femmes sous d'autres formes. Que ce soit les tentes rouges (offrant aux femmes un endroit pour se synchroniser, ralentir et se reconnecter pendant la période lunaire), les groupes d'entrepreneuriat féminin ou sportifs, les femmes se rassemblent ! C'est une énergie de sororité, qui célèbre tout ce qui est glorieusement et puissamment féminin. Mais c'est aussi et avant tout un choix d'embrasser le féminin sacré. La sororité est partout : entre amies, entre une mère et sa fille, une grand-mère et sa petite fille, une enseignante et son élève. C'est un mouvement de bienveillance et de soutien de femmes à femmes. Il englobe toutes les femmes, quelles que soient leur âge, leur nationalité ou leurs croyances.

Je crée mon cercle de sœurs

Vous pouvez aussi initier cela avec vos amies et leurs amies, en les invitant à une soirée d'échanges autour de vos tracas féminins. Parlez de votre sexualité, de vos émotions profondes, partagez, écoutez, soyez vous-même et acceptez les autres telles qu'elles sont. L'idée est de vous connecter aux autres femmes : soyez créative et ouverte ! Vous pouvez aussi rejoindre des groupes sportifs de femmes ou courir contre le cancer du sein. Cela ne peut que renforcer vos liens d'amitié et vous connecter encore plus à votre féminin sacré.

Je me connecte à mon féminin sacré pendant mes lunes

Il n'y a pas de cérémonie pour rendre vos règles sacrées. C'est plutôt une attitude ! Rendre sacré, c'est offrir toute votre attention et votre bienveillance dans un petit rituel, et créer un moment de méditation et d'intention. Rendre le temps des lunes sacré, c'est valoriser quelque chose qui a longtemps été considéré comme tabou pour l'amener vers la lumière, l'honorer et le chérir. Embrassez ce moment et apprenez à l'aimer.

Mon rituel pour honorer mes lunes

Pour célébrer ce cycle de naissance et de fin dans votre corps, vous pouvez effectuer un rituel. Créez un petit autel pour appeler l'énergie sacrée de la lune actuelle. Utilisez des bougies, des images, des coquillages, des pierres, des fleurs, des fruits… Soyez inspirée et faites preuve de créativité ! Appelez ensuite votre énergie du chakra racine et votre moi sensuel en portant des habits rouges (sous-vêtements, jupe, robe) ; ils sont une expression de votre fusion totale avec votre cycle. Apportez un jeu de tarot ou un oracle et allumez une bougie pour commencer votre rituel. Tenez le tarot sur votre ventre et demandez à la Nature et à la Lune de vous envoyer un message pour vous guider et vous soutenir. Choisissez instinctivement une carte et prenez le temps de l'examiner. Puis entamez une méditation. Concentrez-vous sur ce que cette carte vous évoque, sur ce que vous appelez et sur ce que vous laissez de côté durant votre cycle de sang (c'est le meilleur moment pour vous laisser aller et libérer vos émotions !). Prenez le temps de sentir le sacré de ce moment, puis revenez lentement à vous.

Rituel : je rends mon sang à la Terre mère pour la soutenir

C'est l'un des rituels les plus importants pour nous, femmes. Le sang menstruel est en effet considéré comme une substance magique très puissante, semblable au « *shakti* » (l'énergie divine féminine associée à la force de vie), pleine de nutriments créateurs de vie. En offrant votre sang à la Terre mère, vous lui rendez ce que vous recevez. Ce rituel a été pratiqué par de nombreuses cultures pendant des millénaires. Aux États-Unis, Vicki Noble fut la première chercheuse à sensibiliser le public à cette tradition dans son livre *Shakti Woman* (1991). Elle explique que les lamas tibétains, les Amérindiens et les fidèles gnostiques (entre autres) utilisaient régulièrement le sang menstruel dans leurs rituels comme offrandes à la Terre, à la communauté et à la déesse mère. Dans cette continuité, utilisons le sang menstruel, notre ressource la plus sacrée, à la manière de nos ancêtres. Objectif : surmonter sa honte et sa pudeur autour du sang menstruel et revendiquer le pouvoir qu'il possède, et que nous possédons toutes en tant que femmes.

En pratique

Le rituel est très simple : récupérez le sang; sortez et versez-le sur la terre (dans votre cour, votre jardin, la nature…) en formulant le souhait qu'il active ses énergies de guérison dans le monde. Il est important de prononcer une affirmation positive lorsque vous donnez votre sang. Vous pouvez utiliser la suivante ou choisir quelque chose de plus personnel en fonction de votre propre lien avec votre sang, votre utérus, votre divin féminin et la Terre mère : « Je suis une incarnation de mon moi sauvage et sacré. J'embrasse l'énergie de la Terre mère. Je lui donne mon sang, comme mes sœurs auparavant, pour la soutenir, la nourrir et l'aider à rétablir l'équilibre. Je suis une gardienne de la paix. »

Janvier

JE ME LIBÈRE DE MES ÉMOTIONS

Janvier est un nouveau départ! Tout est calme, endormi dans la nature, et vous aussi fonctionnez au ralenti, vous rêvez de cocooning, bien au chaud. Mais ce n'est pas le moment de rester inactive, au contraire : il s'agit de préparer l'année à venir. De vous alléger de tout ce qui vous encombre pour être prête à attaquer l'année, positive, pleine d'énergie et inspirée!

EAT

En nutrition, vous allez vous détoxifier. Une alimentation saine et légère vous permettra de vous régénérer. Pour vous sentir en phase avec votre corps, il sera aussi important de manger en pleine conscience et de vous débarrasser des aliments bad mood qui plombent vos émotions.

SHINE

Pour commencer à renouer avec votre corps féminin et prendre soin de lui, place à des rituels beauté purifiants, histoire de faire peau neuve pour cette nouvelle année! Ces doux gestes apaisent aussi les émotions, pour ne laisser place qu'au positif!

FEEL

On commence sur un bon mood, grâce à des techniques pour vous aider à gérer les émotions négatives (peur, colère, anxiété). En vous en libérant, vous serez vraiment vous-même, révélée, consciente de vos émotions.

GROW

Ainsi allégée dans votre corps, votre esprit et vos émotions, vous pourrez poser vos intentions pour une année belle et harmonieuse, en phase avec votre féminité! Rituel de purification, respiration, détox et méditation vous aideront à vous libérer pour avancer et enverront de good vibes à l'avenir.

MA ROUE DES LUNES DE janvier

Dans votre roue des lunes, chaque mois, suivez ce qu'il se passe dans votre corps (notamment vos règles) en coloriant les dates des symptômes. À vous de choisir votre couleur ! Vous pouvez aussi signifier l'intensité de votre flux en dessinant des gouttes : 1 pour léger, 2 pour moyen et 3 pour important. Vous apprenez ainsi à mieux connaître votre cycle et la manière dont il vous affecte. Le calendrier lunaire vous permet de vous sentir en harmonie avec le monde !

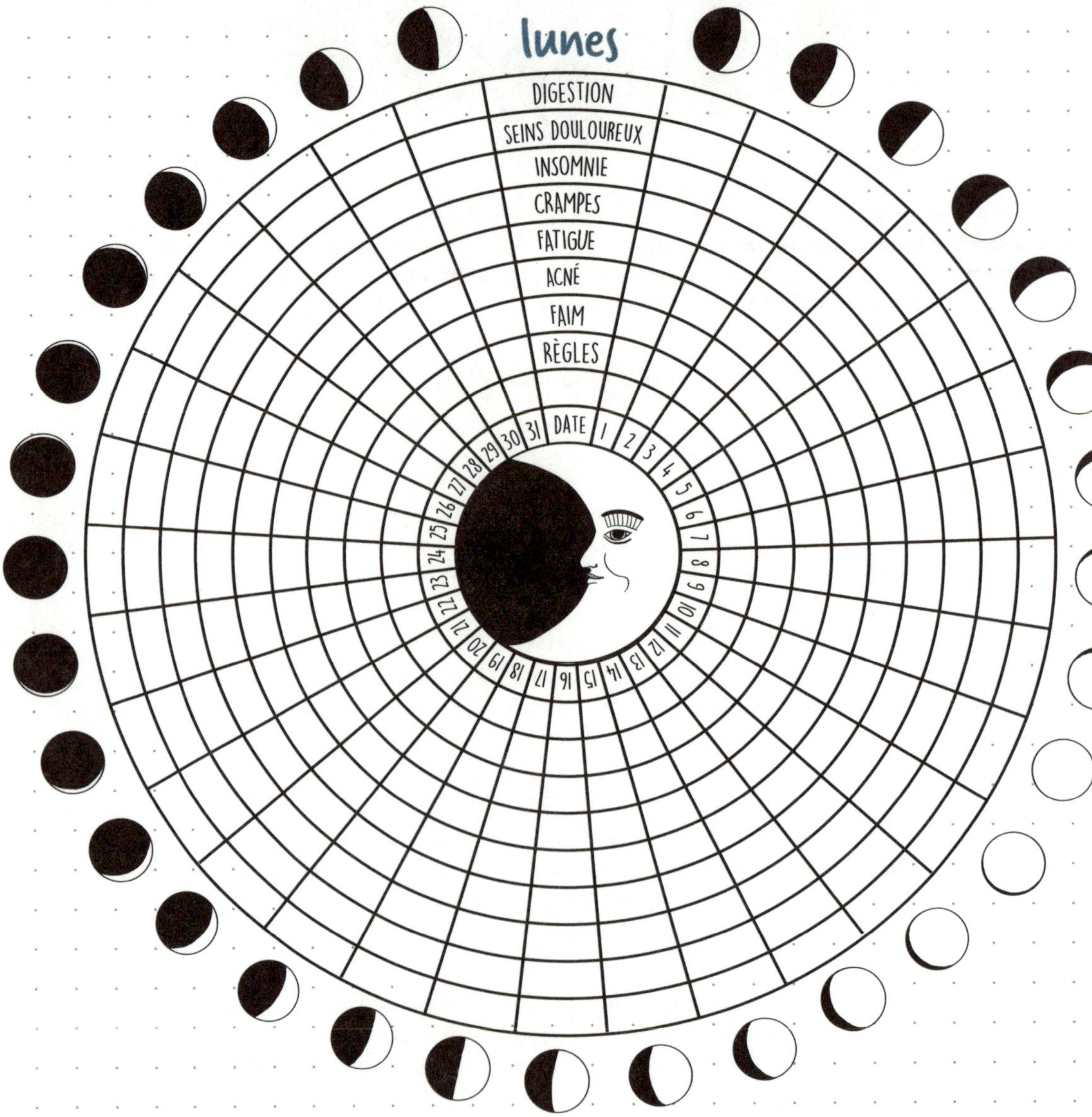

MON MANDALA MOOD DE *janvier*

Coloriez ce mandala selon l'émotion du jour. Vous avez ainsi une vision globale de votre humeur sur le mois, que vous pouvez mettre en relation avec votre roue des lunes afin de comprendre l'influence de votre cycle sur vos émotions.

L'animal totem du mois ? Le serpent ! Il représente la transformation, les changements de vie, aussi bien physiques qu'émotionnels ou spirituels. Bref, le renouveau ! Parfait pour commencer cette nouvelle année. Il symbolise aussi la guérison. Il est connecté à l'énergie primale, la force de vie, comme celle qui constitue votre féminin sacré !

- Calme
- Heureuse
- Énergique, en forme
- Irritable, sujette aux sautes d'humeur
- Énervée
- Perdue, confuse
- Anxieuse
- Déprimée

Semaine 1

DU 30 DÉCEMBRE AU 5 JANVIER

Ma pensée de la semaine

La première semaine de l'année est le moment parfait pour poser vos intentions de bonheur. Réfléchissez à ce dont vous avez vraiment besoin dans votre vie pour rayonner. Si vous le faites en conscience, cela va enclencher un processus de changement volontaire, et tout se mettra en place dans les prochains mois, comme par magie. Vous êtes créatrice de votre vie et de votre rapport à votre féminité !

LUNDI 30

MARDI 31

MERCREDI 1er

Jour de l'an

JEUDI 2

FEEL

Je me révèle

Redécouvrez qui vous êtes. Asseyez-vous pour explorer vos pensées et vos sentiments via le dessin ! Nul besoin de savoir dessiner, juste ressentir et exprimer librement et sans jugement. Prenez au moins 10 min pour cela tous les jours. Ce sera comme faire un bilan de votre état d'esprit et émotionnel, mais sans mots. Accompagnez-vous d'une jolie musique classique si vous voulez. Vous redécouvrez alors vos richesses, et cela vous aide à vous accepter telle que vous êtes.

Notes

EAT

Mon infusion régénérante

Buvez une infusion de citron épicée minceur le matin à jeun pour stimuler et alléger votre métabolisme. Cela vous donnera l'énergie pour commencer l'année ! Pressez ½ citron dans une tasse d'eau chaude. Ajoutez 2 c. à s. de vinaigre de cidre de pomme, 1 pincée de poivre de Cayenne et remuez. Savourez avec 1 c. à c. de miel.

SHINE

Scrub revitalisant

Faites peau neuve avec ce gommage pour le corps ! Mélangez 18 cl d'huile d'olive, 600 g de sucre, le jus d'1 citron et le zeste de 2 citrons bio. Ajoutez 10-15 gouttes d'huile essentielle de romarin ou de pamplemousse, toutes deux vivifiantes et bénéfiques pour votre peau. Appliquez en massage, sur la peau sèche, en mouvements circulaires. Puis rincez.

VENDREDI 3

SAMEDI 4

DIMANCHE 5

To do list

L	M	M	J	V	S	D
		1	2	3	4	5
6	7	8	9	10	11	12
13	14	15	16	17	18	19
20	21	22	23	24	25	26
27	28	29	30	31		

GROW

Mon rituel du 1er janvier pour poser mes intentions

Commencez par quelques salutations au soleil, suivies d'une bonne douche. Puis asseyez-vous et prenez le temps de réfléchir à ce que vous voulez attirer à vous cette année. Vous sentir mieux dans votre peau, vous connecter à votre féminité profonde. Écrivez-le. Allumez une bougie, la flamme sera le symbole de votre volonté. Fermez les yeux et méditez sur ces intentions, simplement en suivant votre respiration. À chaque inspiration, imaginez-vous inspirer ces intentions. À chaque expiration, contractez votre périnée et imaginez ces intentions descendre en vous, jusqu'à votre périnée (siège de votre 1er chakra, celui de l'ancrage), pour fusionner avec vous.

TRACKERS

Repas en pleine conscience ○○○○○○○

Journal d'émotions ○○○○○○○

Moment cocooning ○○○○○○○

Semaine 2

DU 6 AU 12 JANVIER

Ma pensée de la semaine

Cette semaine est celle de la lune du loup, qui donne l'énergie pour se libérer de la peur. Ne vous laissez pas limiter par elle. Craindre de se lancer dans quelque chose de nouveau, d'affronter une situation vous freine dans votre évolution et vous empêche d'être vous. Alors, osez surmonter vos peurs !

LUNDI 6

Épiphanie

MARDI 7

MERCREDI 8

JEUDI 9

SHINE

Baume lavande-camomille anti-peur

Vous vous sentez super angoissée ou effrayée (par une situation, une échéance) ? Voici un baume pour vous apaiser. Faites fondre 16g de cire de candelilla, 16g de beurre de karité et 7g de beurre de cacao au bain-marie. Retirez du feu et incorporez les HE (25 gouttes de lavande, 15 de romarin et 10 de camomille). Versez dans un récipient de 30ml et laissez durcir avant d'appliquer sur le poignet et le cou, en insistant sur vos pouls.

Pleine lune du loup ou des neiges le 10 janvier

La lune de janvier est une lune de renaissance, elle marque le début d'un cycle. Forte et bénéfique, elle vous apporte protection et force pour lâcher vos peurs.

TRACKERS

Repas en pleine conscience ○○○○○○○

Journal d'émotions ○○○○○○○

Moment cocooning ○○○○○○○

EAT

Pamplemousse grillé

Pour un petit déjeuner léger et énergétique ! Préchauffez le gril. Coupez 1 pamplemousse en deux. Saupoudrez de cannelle et piquez 2 clous de girofle dans la chair. Grillez 6 ou 7 min, jusqu'à ce que la chair brunisse légèrement. Arrosez d'un peu de miel. Dégustez !

GROW

Rituel anti-peur de la pleine lune du loup

Asseyez-vous au calme. Allumez une bougie et placez devant vous un bol d'eau et un bol vide. Centrez-vous et notez sur un papier vos peurs profondes, puis signez et datez-le. Respirez profondément et déclarez : « Grâce à l'énergie de la lune du loup, je laisse maintenant aller mes peurs. » Brûlez le papier à la bougie, en visualisant vos peurs se consumer. Déposez le papier enflammé dans le bol vide. Plongez vos mains dans le bol d'eau pour vous purifier.

VENDREDI 10

SAMEDI 11

DIMANCHE 12

To do list

L	M	M	J	V	S	D
		1	2	3	4	5
6	**7**	**8**	**9**	**10**	**11**	**12**
13	14	15	16	17	18	19
20	21	22	23	24	25	26
27	28	29	30	31		

Notes

FEEL

No fear

Pour cela, il faut vous y exposer. Grâce au phénomène d'habituation, le sentiment de peur s'estompe : affronter la peur engendre un sentiment d'accomplissement et d'autonomisation, tout en développant vos compétences et votre maîtrise de vous. Ce qui fait peur est ce qui est en dehors de sa zone de confort, mais vous y confronter élargit cette fameuse zone ! Peur de ne pas être à la hauteur ou peur des conflits, il est temps d'y faire face. La clé est d'avancer pas à pas, en célébrant vos succès : vous confirmez chaque fois que vous en êtes capable !

Semaine 3

DU 13 AU 19 JANVIER

Ma pensée de la semaine

Certaines émotions sont des catalyseurs de changement. La colère en est un. Si on sait l'écouter, elle nous informe d'un obstacle, d'une frustration, et nous donne alors l'impulsion pour changer les choses. Mais, refrénée, elle crée un mal-être en nous et dans nos relations. Apprenez à vivre en harmonie avec elle pour profiter de son énergie positive !

LUNDI 13

MARDI 14

MERCREDI 15

JEUDI 16

GROW

Mon rituel du souffle refroidissant de la colère

Cette technique de respiration, appelée *sheetali*, calme la réaction de combat que constitue la colère. Avec votre langue, créez un tube. Inspirez lentement l'air frais à travers ce tube pendant 4 à 5 s en relevant le menton. Gardez votre langue pendant quelques secondes sur votre palais, sentez sa fraîcheur. Expirez par le nez pendant 6 à 8 s en abaissant votre menton et en déclarant mentalement : « En expirant, j'ai laissé ma colère s'en aller. » Répétez 7 à 12 fois.

Notes

FEEL

4 étapes pour gérer la colère

1. Comprenez d'où vient votre colère : c'est une émotion suscitée par une frustration, un obstacle. Lequel ?
2. Exprimez-vous, par exemple dans un journal, cela permet de la libérer. Lâchez-vous !
3. Passez à l'action ! Il s'agit d'éliminer si possible vos déclencheurs de colère et de résoudre les problèmes. Si le déclencheur est l'attitude de votre amoureux qui n'écoute pas vos besoins, parlez-en avec lui.
4. Lâchez prise ! Essayez le rituel du souffle refroidissant.

EAT

No anger food

Selon l'ayurveda (la plus ancienne naturopathie indienne), les aliments correspondant à l'élément feu aggravent la colère. Pour l'adoucir, misez sur les légumes verts, les céréales complètes, les produits laitiers et les protéines végétales. Évitez les aliments chauds, épicés, gras, frits, salés ou fermentés, les agrumes et fruits acidulés, l'alcool et la caféine.

VENDREDI 17

SAMEDI 18

DIMANCHE 19

To do list

L	M	M	J	V	S	D
		1	2	3	4	5
6	7	8	9	10	11	12
13	14	15	16	17	18	19
20	21	22	23	24	25	26
27	28	29	30	31		

SHINE

Mon rituel ayurvédique purifiant

Continuez à vous purifier en adoptant ce rituel complet qui harmonise les 5 éléments en vous (Terre, Eau, Feu, Air et Espace). Ouïe : nettoyez vos oreilles avec un peu d'huile en utilisant votre petit doigt. Toucher : rincez-vous le visage à l'eau fraîche. Vue : vaporisez vos yeux avec de l'eau florale (bleuet, fleur d'oranger, rose). Odorat : rincez-vous les narines à l'eau salée avec un lota (petit arrosoir yogique) ou un vaporisateur à l'eau saline. Goût : raclez-vous la langue avec un grattoir à langue, 5 à 10 fois d'arrière en avant, puis lavez-vous les dents.

TRACKERS

Repas en pleine conscience ○○○○○○○

Journal d'émotions ○○○○○○○

Moment cocooning ○○○○○○○

Semaine 4

DU 20 AU 26 JANVIER

Ma pensée de la semaine

La vie est imprévisible, et peu importe les efforts que vous déployez, vous ne pouvez pas tout contrôler. Cependant, vous pouvez décider comment accueillir la nouveauté : avec coolitude (en vous concentrant sur le présent) et gratitude. Cette semaine, libérez-vous de l'anxiété! Votre mantra : «Je suis présente et reconnaissante à chaque instant des beautés que la vie m'apporte.»

LUNDI 20

MARDI 21

MERCREDI 22

JEUDI 23

GROW

Méditation lumineuse pour chasser l'anxiété

Imaginez une lumière vive et chaude qui brille au-dessus de votre tête, comme un rayon de soleil sur votre visage lorsque vous êtes allongée à la plage. La prochaine fois que vous êtes submergée par l'anxiété, imaginez ce sentiment sur chaque partie de votre corps, des orteils à la tête. Permettez à la chaleur, à la lumière et à l'espace de dissiper toute tension dans votre corps. Méditez ainsi quotidiennement 10 min.

La nouvelle lune du 24 janvier

La nouvelle lune de janvier marque l'année du rat de métal en astrologie chinoise, une année propice aux évolutions pro, si l'on fait confiance à son instinct et à ses émotions. De quoi tourner la page sans regret. Elle renforce l'ambition pour saisir les opportunités.

TRACKERS

Repas en pleine conscience ○○○○○○○

Journal d'émotions ○○○○○○○

Moment cocooning ○○○○○○○

FEEL

Mon inhalation anti-anxiété

Mélangez dans un petit flacon 3 gouttes d'oléorésine ou d'absolue de benjoin, 2 gouttes d'HE de géranium, 2 d'HE de bois de rose, 2 d'HE d'ylang-ylang, 1 d'HE d'encens et 1 d'HE de vétiver, des huiles essentielles aux vertus sédatives, calmantes et équilibrantes du système nerveux. Respirez directement au-dessus du flacon pour apaiser ou prévenir une crise d'anxiété.

EAT

Mes 10 aliments anxiety relief

Des études montrent que certains aliments (riches en vitamines et minéraux : oméga-3, vitamine D, sélénium, magnésium…) sont des remèdes naturels à l'anxiété : asperges, avocats, myrtilles, amandes, yaourt, noix du Brésil, œufs, chocolat noir, épinards, poisson gras.

VENDREDI 24

SAMEDI 25

DIMANCHE 26

To do list

L	M	M	J	V	S	D
		1	2	3	4	5
6	7	8	9	10	11	12
13	14	15	16	17	18	19
20	21	22	23	24	25	26
27	28	29	30	31		

Notes

SHINE

Mon masque anti-poches

Poursuivez votre beauty détox ! La camomille a un effet antibiotique, nettoyant et anti-inflammatoire qui va détoxifier vos yeux et supprimer les vilaines poches grâce à son effet calmant et décongestionnant. Celles-ci sont dues à une fatigue généralisée, qui affecte les reins ou les glandes surrénales, ou encore un facteur héréditaire. Préparez une infusion et humidifiez-en 2 cotons. Placez-les sur chaque œil et laissez agir 5 à 10 min. Pour plus d'efficacité, réfrigérez l'infusion avant utilisation (le froid a des vertus décongestionnantes). À conserver 3 jours.

Semaine 5

DU 27 JANVIER AU 2 FÉVRIER

Ma pensée de la semaine

Vous êtes à présent libérée de vos émotions latentes, purifiée pour cette nouvelle année. Désormais, maintenez une bonne hygiène émotionnelle en apprenant à les accueillir et les laisser passer. Votre mantra de la semaine : «J'écoute et j'accepte mes émotions sans les juger.»

LUNDI 27

MARDI 28

MERCREDI 29

JEUDI 30

GROW

Mon rituel de purification pour Imbolc

Pour Imbolc (la Chandeleur des Celtes), purifiez votre maison afin de laisser place à l'inspiration pour le nouveau cycle. Commencez par un vrai nettoyage de printemps. Faites du rangement. Après l'espace physique, attaquez-vous à votre espace énergétique : allumez des bougies blanches purificatrices, faites brûler de l'encens ou de la sauge, en les promenant dans la maison.

La fête de la semaine

À la Chandeleur, les Celtes célébraient la purification et la fertilité, la lumière après l'hiver. Au temps des semailles, on préparait des crêpes, symbolisant le soleil et la prospérité. Posez une intention de renouveau en les cuisinant !

TRACKERS

Repas en pleine conscience ○○○○○○○

Journal d'émotions ○○○○○○○

Moment cocooning ○○○○○○○

FEEL

3 règles pour gérer les émotions sainement

1. Identifiez votre émotion : colère ? Tristesse ? Peur ? Joie ?
2. Ne résistez pas, laissez l'émotion envahir votre corps et votre esprit : observez vos pensées et vos sensations sans juger.
3. Ressentez pleinement, puis laissez vos émotions partir.

EAT

J'apprends à manger en pleine conscience

Une pratique méditative pour une bonne hygiène émotionnelle. Prenez 3 grandes respirations avant de manger. Soyez attentive aux couleurs, odeurs, textures, saveurs, températures et même aux sons des aliments. Mastiquez bien (ça aide la digestion !). Apprenez à arrêter de manger lorsque vous êtes rassasiée.

VENDREDI 31

SAMEDI 1er

DIMANCHE 2

To do list

L	M	M	J	V	S	D
		1	2	3	4	5
6	7	8	9	10	11	12
13	14	15	16	17	18	19
20	21	22	23	24	25	26
27	28	29	30	31		

Notes

SHINE

Mon massage émotionnel des pieds

Votre pied est une carte de vos organes et de vos émotions : la colère (associée au foie) correspond au centre du pied gauche ; la tristesse (poumons ou intestin grêle), à la partie supérieure ; l'anxiété (estomac), à la partie intérieure, au milieu du pied ; la peur (reins), au milieu de la voûte plantaire. Mettez un peu d'huile sur vos pieds, caressez la plante jusqu'au talon. Massez là où ça fait mal, car cela traduit des émotions bloquées. Faites des rotations de la cheville, puis tirez doucement sur chaque orteil (liés aux 5 sens), et massez entre vos orteils. Enfin, du poing, appliquez une pression sur votre voûte plantaire.

Mon journal féminin

Comment je me suis sentie dans mon corps ce mois-ci ?

Comment j'ai vécu mes émotions ce mois-ci ?

Comment ai-je vécu mon cycle ce mois-ci ?

Me suis-je sentie connectée à mon féminin sacré ?

Qu'est-ce qui a bien fonctionné ce mois-ci ?

Qu'est-ce que je dois abandonner le mois prochain pour grandir dans mon féminin ?

Notes

Février

J'APPRENDS À M'AIMER

Février apporte les premiers jours de répit après le long hiver rigoureux, le printemps approche discrètement. C'est le deuxième mois de l'année et le chiffre 2 représente l'unité de soi, la connexion, l'union et la collaboration avec les autres. Avec l'énergie de la Saint-Valentin, février est également le mois idéal pour célébrer l'amour de vos proches et, bien sûr, votre amour-propre. Car il est tout aussi capital de vous aimer, de vous honorer et de croire en vous-même. Arrêtez de vous critiquer, soyez bienveillante envers vous-même, appréciez votre propre beauté et vos qualités… Le but : vous aimer inconditionnellement !

EAT

Les changements subtils de la nature déclenchent une transformation importante dans votre corps et votre mental. Votre appétit diminue (pour aider à la détox naturelle), vous êtes sensible aux coups de froid, plus fatiguée et plus anxieuse. Des recettes de saison vous apporteront énergie et motivation, tout en soutenant votre métabolisme.

SHINE

Avec cette belle énergie, vos rituels beauté de fin d'hiver vont vous permettre de rayonner, de vous envelopper et vous nourrir d'amour !

FEEL

Développer son amour-propre, c'est développer des émotions positives envers soi et arrêter de s'autocritiquer constamment, de se dénigrer ou de complexer. Petit à petit, vous percevrez vos qualités (pas seulement celles des autres !).

GROW

Grandissez en développant la bienveillance à votre égard et en boostant votre estime de vous à travers des rituels symboliques !

MA ROUE DES LUNES DE *février*

Dans votre roue des lunes, suivez ce qu'il se passe dans votre corps (notamment vos règles) en coloriant les dates des symptômes. À vous de choisir votre couleur ! Vous pouvez aussi signifier l'intensité de votre flux en dessinant des gouttes : 1 pour léger, 2 pour moyen et 3 pour important. Vous apprenez ainsi à mieux connaître votre cycle et la manière dont il vous affecte. Le calendrier lunaire vous permet de vous sentir en harmonie avec le monde !

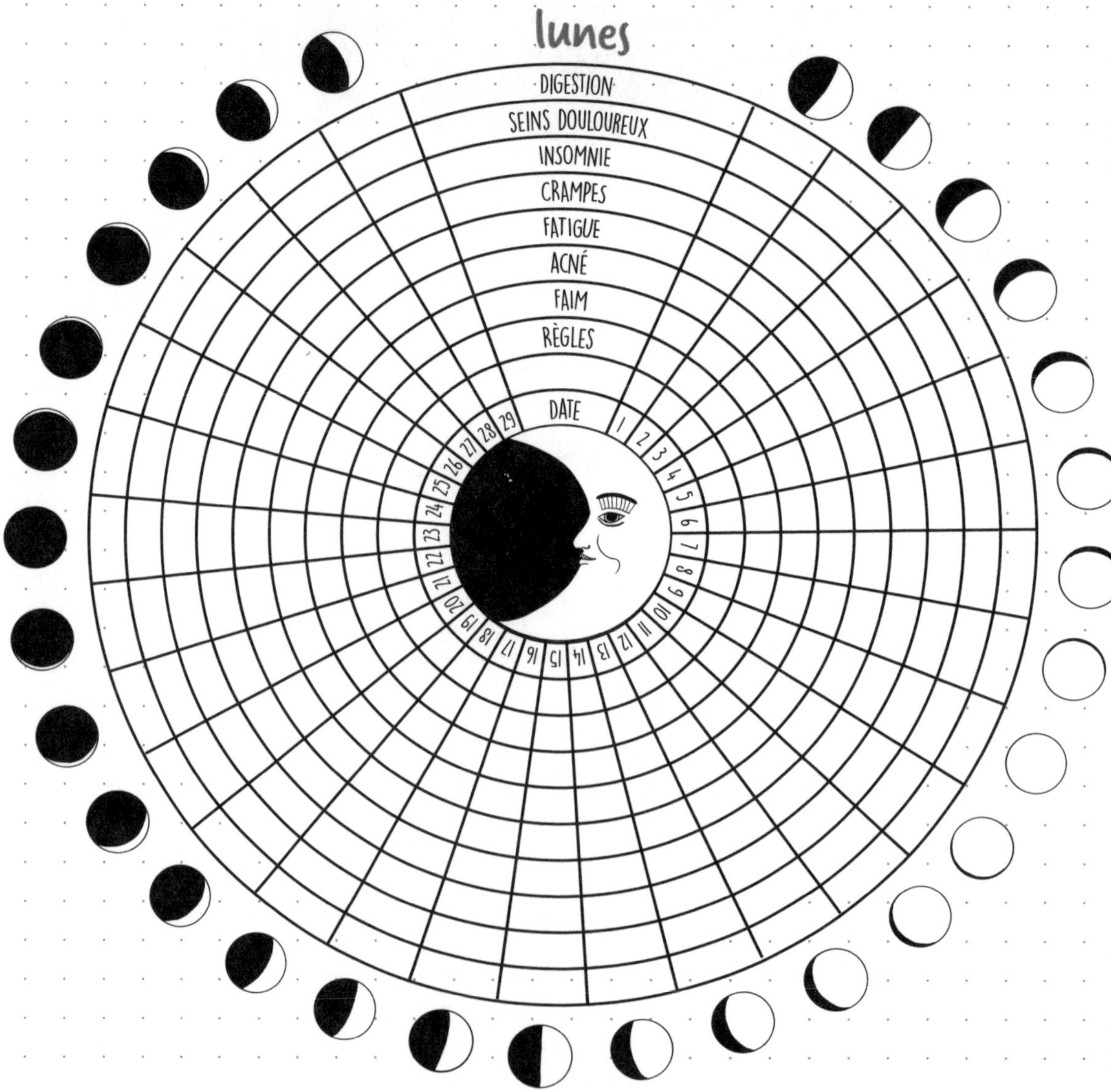

MON MANDALA MOOD DE *février*

Le papillon est l'un des animaux totémiques les plus emblématiques de la transformation personnelle. Il symbolise le passage à travers les différents cycles de vie, la renaissance, la légèreté et l'enjouement. Grâce à tout cela, le papillon sera un support pour vous aider à vous aimer durant ce mois.

Calme — Énervée
Heureuse — Perdue, confuse
Énergique, en forme — Anxieuse
Irritable, sujette aux sautes d'humeur — Déprimée

Semaine 6

DU 3 AU 9 FÉVRIER

Ma pensée de la semaine

Vous ne méritez pas de vous autocritiquer, cela rabaisse votre valeur. Il est normal de vouloir s'améliorer (personnalité ou apparence), mais est-il nécessaire de rechercher constamment la perfection et de vous dénigrer à chaque faux pas? Pour apprendre à vous aimer cette semaine, votre mantra sera : «Je cesse de me critiquer et je suis bienveillante envers moi-même.»

LUNDI 3

MARDI 4

MERCREDI 5

JEUDI 6

GROW

Rituel stop autocritique à la pleine lune des cornes

Asseyez-vous dans votre espace sacré avec une bouteille en verre, un papier et un stylo. Listez toutes les critiques que vous vous répétez : «Je ne suis pas à la hauteur», «je suis moche, trop grosse, pas assez intelligente»… N'oubliez rien! Pliez cette lettre, mettez-la dans la bouteille et fermez-la. Vous venez de sceller toute votre autocritique. Vous pouvez ainsi bannir chaque pensée négative envers vous-même. Gardez cette bouteille comme témoin, ou jetez-la au recyclage.

La pleine lune du 9 février

C'est la lune des cornes (quand les cerfs perdent leurs cornes), de la Mort ou des tempêtes. Les orages de février apportent le froid, comme une purification. Cette lune est porteuse d'espoir et de force.

TRACKERS

Pensée self love ○○○○○○○

Food de saison ○○○○○○○

Moment cocooning ○○○○○○○

FEEL

Mon rituel self-love avec les Fleurs de Bach®

Vous êtes très dure envers vous-même, vous vous dévalorisez, et pensez toujours que vous auriez pu faire mieux, vous sentez nulle? La Fleur de Bach® Pine (pin sylvestre) n° 24 adoucit votre regard sur vous. Elle vous permet de prendre vos responsabilités sans autocritique, sans vous maltraiter. Prenez 2 gouttes dans 1 verre d'eau ou sur la langue 4 fois par jour pendant au moins 1 mois.

EAT

Bowl self-love seigle, kale et canneberges

La veille, rincez 100 g de seigle et laissez tremper. Le matin, faites cuire le seigle dans 1 l d'eau bouillante 45 min. Égouttez. Hachez 250 g de kale. Faites rôtir au four à 180 °C 2 c. à s. d'amandes 10 min. Dans 2 bols, répartissez seigle, kale, amandes et 1 poignée de canneberges. Assaisonnez d'huile d'olive, 1 c. à s. de vinaigre de cidre, 1 c. à c. de miel et poivre.

VENDREDI 7

SAMEDI 8

DIMANCHE 9

To do list

L	M	M	J	V	S	D
					1	2
3	4	5	6	7	8	9
10	11	12	13	14	15	16
17	18	19	20	21	22	23
24	25	26	27	28	29	

Notes

SHINE

Brossage à sec self-love

Ce rituel exfolie, renforce le système immunitaire et débarrasse le corps des toxines. Avec une brosse à fibres naturelles (poils fermes à moyens), brossez votre corps à sec à partir des orteils en remontant. Alternez petits mouvements circulaires et longilignes. Imaginez que cette peau morte est votre sévérité envers vous-même qui disparaît. Rincez-vous, séchez-vous et hydratez votre peau avec de l'huile de sésame, d'amande douce ou de coton.

Semaine 7

DU 10 AU 16 FÉVRIER

Ma pensée de la semaine

Pour s'aimer, il faut être capable de reconnaître sa valeur et de s'estimer. Vous êtes BBB «*Bright, Brilliant and Beautiful*» (new mantra!). Reconnaissez votre lumière, qui désire tellement briller. Vous méritez de vivre heureuse! La Saint-Valentin vous aidera avec son énergie d'amour.

LUNDI 10

MARDI 11

MERCREDI 12

JEUDI 13

SHINE

Mon massage d'amour

L'abhyanga est un rituel d'automassage ayurvédique. Faites chauffer 10cl d'huile de sésame au bain-marie et chauffez votre salle de bains. Sous la douche, massez en mouvements longs sur les longueurs et circulaires sur les articulations et parties rondes : visage et tête, membres inférieurs (pieds, chevilles, mollets, cuisses, fesses et bassin), membres supérieurs (mains, poignets, avant-bras, bras), ventre et dos, et enfin la région du thorax et du cœur. Finissez par une douche chaude sans savon.

Notes

EAT

Je valorise mon alimentation

Privilégiez les aliments nutritifs (quelques amandes en en-cas au lieu d'un biscuit !). Une alimentation riche en vitamines et en nutriments provient des « vrais aliments », issus du sol et non d'une boîte. Soit des aliments bio, complets, pas industrialisés ni préparés, sans sucre. Pensez au marché pour manger frais (les nutriments disparaissent quand les aliments se flétrissent) et aux cuissons douces (les vitamines disparaissent à haute température).

FEEL

J'applique le 4e accord toltèque : « Faites de votre mieux »

Les 4 accords toltèques sont 4 règles simples du bonheur et de la liberté. Le 4e dit qu'en toutes circonstances, vous devez faire de votre mieux, ni plus ni moins, en gardant à l'esprit que votre meilleur ne sera jamais le même toute votre vie. Ainsi, vous ne pourrez pas vous autocritiquer ni culpabiliser. Vous apprécierez votre propre valeur à faire votre maximum ! Cet accord vous libère. Répétez-le chaque jour !

VENDREDI 14

Saint-Valentin

SAMEDI 15

DIMANCHE 16

To do list

L	M	M	J	V	S	D
					1	2
3	4	5	6	7	8	9
10	11	12	13	14	15	16
17	18	19	20	21	22	23
24	25	26	27	28	29	

GROW

Je pratique une activité intense pour booster mon estime de moi

En février, il est facile de vous sentir bloquée. Vous bougez moins, alors que votre mental et votre corps en ont besoin, et cela plombe votre moral et votre estime de vous. S'entraîner régulièrement, se challenger et augmenter progressivement l'intensité booste l'estime de soi. Vous vous sentez fière de vos possibilités. Sur une musique pepsy, pratiquez le power yoga le matin : 5 salutations au soleil + guerrier 1 + guerrier 2 + guerrier 3 + déesse + danseur + corbeau + équilibre sur la tête. 4 fois par semaine.

TRACKERS

Pensée self love ○○○○○○○

Food de saison ○○○○○○○

Moment cocooning ○○○○○○○

Semaine 8

DU 17 AU 23 FÉVRIER

Ma pensée de la semaine

S'aimer, c'est cultiver du positif envers soi-même. Rappelez-vous que vous êtes une personne unique, spéciale et précieuse, et que vous méritez de vous sentir bien. Ça booste l'estime de soi! Votre mantra de la semaine? «Je vois mes qualités et ma beauté uniques.»

LUNDI **17**

MARDI **18**

MERCREDI **19**

JEUDI **20**

SHINE

Mon bain self-love de lait à la rose

Dans un saladier, mélangez 1 l de lait végétal (coco ou avoine), 200 g de lait de coco en poudre, 3 c. à s. de miel liquide, 3 gouttes d'HE de rose de Damas et 7 de géranium rosat. Allumez quelques bougies. Faites couler un bain chaud et diluez-y le mélange. Plongez-vous dans ce bain au moins 15 min pour en ressentir les bienfaits. Puis enveloppez-vous dans un peignoir et dégustez une tisane relaxante à la rose.

La nouvelle lune du 23 février

Posez vos intentions pour le mois à venir. Écrivez les choses que vous voulez faire pour vous et comment vous envisagez d'améliorer votre amour-propre (*Je pratique l'automassage, Je porte des vêtements qui me mettent en valeur…*). Affichez cette liste et soyez active!

TRACKERS

Pensée self love OOOOOOO

Food de saison OOOOOOO

Moment cocooning OOOOOOO

FEEL

La liste de mes qualités

Identifier vos qualités peut être difficile lorsque vous avez une faible estime de vous. Posez-vous ces questions : « Qu'est-ce qui me passionne ? », « Comment ai-je aidé quelqu'un ? », « Quels défis ai-je surmontés ? », « Quels compliments me fait-on ? » Écrivez une liste de vos qualités ou créez un joli bocal déco contenant, sur des petits papiers, vos qualités. Relisez-les tous les jours.

EAT

Poires rôties aux épices et raisins secs

Placez les quartiers pelés de 4 poires dans un plat à four. Ajoutez 6 cl d'eau, ½ c. à c. de clou de girofle et d'anis en poudre, 3 c. à s. de raisins secs. Enfournez à 180 °C, à couvert, 20-30 min. Ajoutez 2 c. à s. de flocons d'avoine, puis grillez 5 min.

VENDREDI 21

SAMEDI 22

DIMANCHE 23

To do list

L	M	M	J	V	S	D
					1	2
3	4	5	6	7	8	9
10	11	12	13	14	15	16
17	18	19	20	21	22	23
24	25	26	27	28	29	

Notes

GROW

5 min de body positive

Pour grandir spirituellement, il faut s'accepter et s'aimer physiquement. Car vous êtes à la fois un corps, un esprit et une âme. Celles qui n'aiment pas leur corps préfèrent le fuir. Pour changer ça, contemplez-vous nue dans le miroir. Il est un bon allié pour apprendre à aimer votre corps, il vous familiarise avec votre image et augmente votre confiance en vous. Tous les jours après la douche, prenez 5 min pour vous regarder dans le miroir sans vous juger. Parlez-vous de façon positive : « Tu rayonnes aujourd'hui ! »

Semaine 9

DU 24 FÉVRIER AU 1ER MARS

Ma pensée de la semaine

Le perfectionnisme et la comparaison sont les pires ennemis de votre amour-propre. Comment ne pas se dévaloriser quand on cherche à atteindre un objectif inatteignable? Comment s'accepter quand on préférerait être plus mûre, à l'aise, sociable ou active, comme Unetelle? Votre mantra de la semaine : « Rien n'est parfait, c'est la beauté du monde. J'accepte mes imperfections comme des atouts. »

LUNDI 24

MARDI 25

Mardi gras

MERCREDI 26

JEUDI 27

GROW

J'apprécie ce qui fait de moi un être unique

Pour grandir spirituellement, il vous faut vous accepter dans votre intégralité : corps, esprit et âme. En voulant être plus spirituelle, vous en venez à envier cette yogini, sa pratique régulière du yoga et son savoir. Êtes-vous alors vraiment spirituelle? Quand vous vous acceptez vraiment, vous appréciez pleinement votre vie. Concentrez-vous sur les choses qui vont bien dans votre vie. Puis faites une liste de vos particularités et atouts (vous êtes drôle, endurante, vous chantez bien,...). Voilà votre vrai vous et vos valeurs uniques.

Notes

FEEL

Stop à la perfection et à la comparaison !

Être parfait rendrait tout le monde identique ! Vos imperfections vous rendent unique et spéciale. Vous êtes maladroite, ce qui fait rire vos amis. Vous aimeriez avoir un fessier plus musclé, mais votre chéri pense que c'est le plus beau. Listez vos « imperfections » et écrivez leur beauté en face. Se comparer crée un sentiment de manque. Essayez plutôt de devenir la meilleure version de vous-même en cultivant vos forces et spécificités. Alors, vous rayonnerez et serez celle qu'on envie !

EAT

Coconut London latte réconfortant à la lavande

Infuser 2 min 1 c. à s. de thé earl grey et ½ c. à c. de boutons de lavande (calmante) dans 37,5 cl d'eau bouillante avec une passoire à thé. Au blender, mixez 2 c. à s. de beurre de coco, 2 c. à s. de lait de coco entier et 2 dattes. Ajoutez le thé chaud jusqu'à ce que cela soit crémeux et lisse. Savourez éventuellement avec un filet de miel.

VENDREDI 28

SAMEDI 29

DIMANCHE 1er

To do list

L	M	M	J	V	S	D
					1	2
3	4	5	6	7	8	9
10	11	12	13	14	15	16
17	18	19	20	21	22	23
24	25	26	27	28	29	

SHINE

Gommage self-love à la poudre d'amandes

Votre corps doit se nettoyer des accumulations (physiques, émotionnelles et énergétiques) de l'hiver. Mélangez 1 c. à s. de poudre d'amandes, 2 c. à c. d'hydrolat de fleur d'oranger et 2 gouttes d'HE de carotte sauvage bio (facultatif, mais elle donne de l'éclat et est antirides) pour obtenir une pâte homogène. Rincez votre visage à l'eau claire, séchez-le, frottez-le doucement avec ce gommage en petits cercles réguliers, du centre vers l'extérieur. Rincez à l'eau tiède et vaporisez un peu d'hydrolat de fleur d'oranger.

TRACKERS

Pensée self love ○○○○○○○

Food de saison ○○○○○○○

Moment cocooning ○○○○○○○

Mon journal féminin

Comment je me suis sentie dans mon corps ce mois-ci ?

Comment j'ai vécu mes émotions ce mois-ci ?

Comment ai-je vécu mon cycle ce mois-ci ?

Me suis-je sentie connectée à mon féminin sacré ?

Qu'est-ce qui a bien fonctionné ce mois-ci ?

Qu'est-ce que je dois abandonner le mois prochain pour grandir dans mon féminin ?

Notes

Mars

JE ME CONNECTE À MON CORPS

Mars est marqué par l'équinoxe de printemps, qui appelle le soleil et rend la terre fertile : une énergie de renaissance qui vous ouvre à de nouvelles possibilités. Après avoir appris à vous aimer, vous pouvez enfin vous connecter à votre corps et l'écouter, pour continuer à vous ouvrir petit à petit à votre féminin sacré. L'énergie du chiffre 3 de mars vous aide en vous apportant créativité, adaptabilité, expression, originalité et sensibilité. Développez votre bien-être, prenez soin de vous et libérez votre corps. Objectif : légèreté et harmonie body & mind. *Enjoy!*

EAT

Écouter son corps passe évidemment par l'alimentation. Bien manger, c'est prendre soin de lui, avec des recettes de saison yummy. Une bonne alimentation se reflète sur tout le corps : sur son niveau d'énergie, mais aussi sur la santé de la peau… C'est aussi prendre conscience de sa faim.

SHINE

Dans la nature, le temps est imprévisible, alternant entre pluie, beau temps, vent… En mars, neige et glace fondent, tout semble mouillé ! Vous remarquerez peut-être même de l'humidité dans votre peau ou de la rétention d'eau. C'est donc le moment d'activer tout votre corps : poitrine et poumons pour déloger les congestions, circulation, tissu adipeux hivernal, tout en ramenant le soleil sur votre visage et en prenant soin de vos cheveux (qui ont tendance à chuter avec les changements de saison).

FEEL

L'énergie aqueuse de mars vous rend aussi très sensible et à l'écoute. Le bon moment pour observer la manifestation de vos émotions dans votre corps. Votre corps vous informe de ce que vous ressentez, et il permet aussi d'agir sur les émotions pour mieux les gérer. Tout est lié ! Ce mois-ci, ressentez votre corps et libérez votre féminité !

GROW

Célébrez votre engagement pour votre corps ! Il est une porte vers les dimensions plus spirituelles et subtiles de votre être. Grâce à la respiration, le yoga et le travail sur les hanches, zone de stockage des émotions, vous vous libérerez des traumas et accéderez à une harmonie body & soul.

MA ROUE DES LUNES DE **mars**

Dans votre roue des lunes, suivez ce qu'il se passe dans votre corps (notamment vos règles) en coloriant les dates des symptômes. À vous de choisir votre couleur ! Vous pouvez aussi signifier l'intensité de votre flux en dessinant des gouttes : 1 pour léger, 2 pour moyen et 3 pour important. Vous apprenez ainsi à mieux connaître votre cycle et la manière dont il vous affecte. Le calendrier lunaire vous permet de vous sentir en harmonie avec le monde !

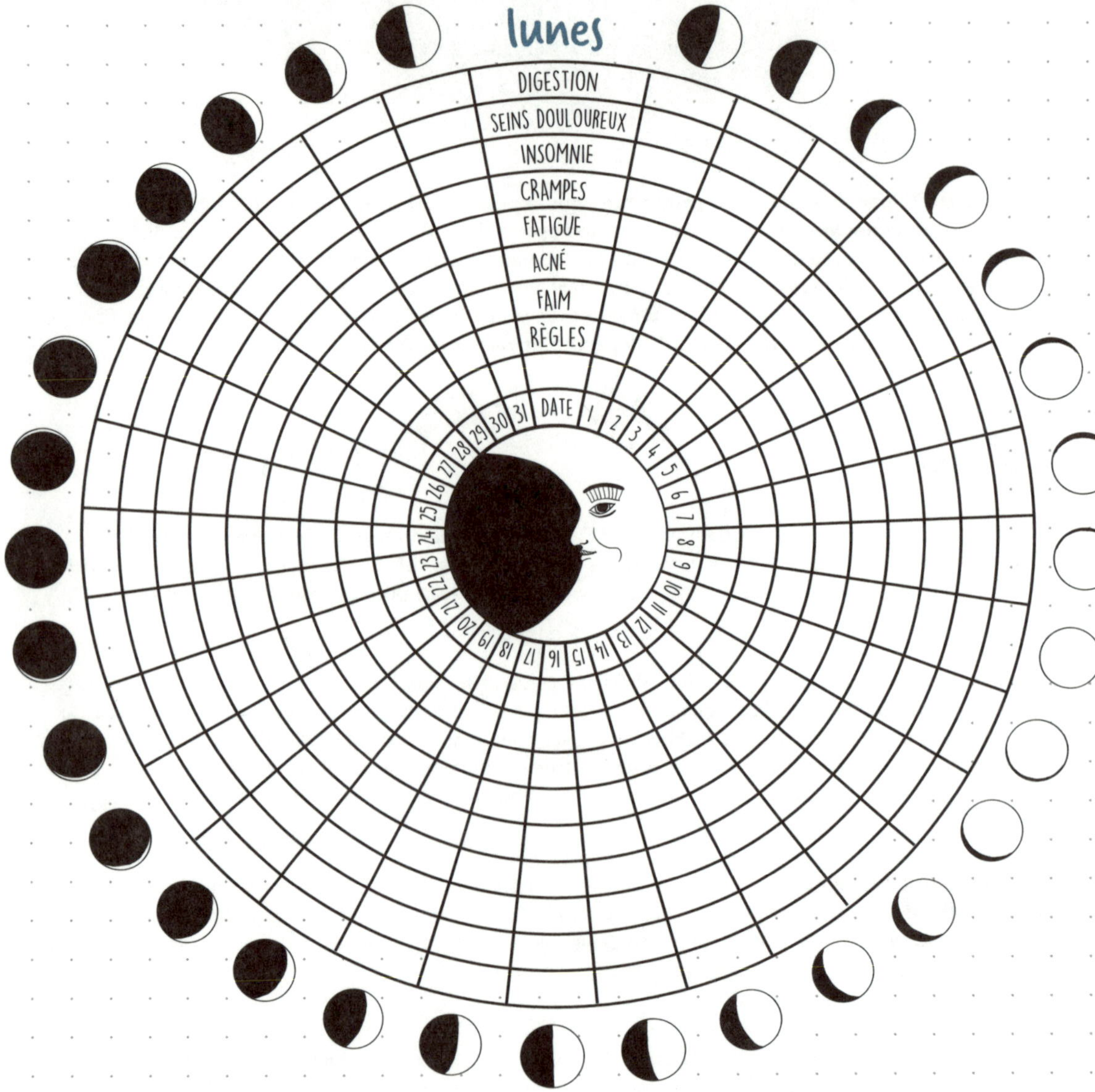

MON MANDALA MOOD DE mars

Le cygne, animal sacré de la déesse de l'amour Aphrodite, célèbre la beauté, l'amour, la pureté, la grâce, l'élégance, la douceur, la profondeur de l'âme, le retour du pouvoir, la transformation et le développement des capacités intuitives. Il vous aide à vous connecter à votre corps grâce à son énergie d'amour, de pouvoir retrouvé (vous êtes enfin incarnée dans votre corps !) et de renouvellement. Son élégance naturelle vous donne aussi envie de vous chouchouter.

Calme
Heureuse
Énergique, en forme
Irritable, sujette aux sautes d'humeur
Énervée
Perdue, confuse
Anxieuse
Déprimée

Semaine 10

DU 2 AU 8 MARS

Ma pensée de la semaine

Le corps vous envoie des messages en permanence pour vous informer de votre niveau de bien-être. Il fait juste attention à vous. Ne cherchez pas à rationaliser ces sensations. Écoutez-les et agissez en conséquence. Mais quand on a longtemps ignoré ce qu'on ressent, le corps passe en mode *mute*. Redonnez-lui la parole. Votre mantra de la semaine : « Je suis à l'écoute de mon corps. »

LUNDI 2

MARDI 3

MERCREDI 4

JEUDI 5

GROW

Ma respiration Bhastrika

En sanskrit, *Bhastrika* signifie « soufflet de forge ». Cette succession rapide d'expirations forcées réchauffe et aide à évacuer le mucus du thorax et des sinus (qui ont tendance à s'encombrer en mars), tout en boostant la vitalité. Les exercices de respiration étendent votre prana, votre énergie de vie, et vous connectent au prana originel, votre essence. Assise confortablement, colonne droite, mains sur les genoux, baissez légèrement le menton et respirez de façon forcée, avec votre cage thoracique : en inspirant, vous l'ouvrez, en expirant, vous la fermez. Répétez 10 fois.

Notes

FEEL

Je me connecte à mon instinct corporel

La danse est un excellent moyen de reconnexion à son corps et ses sensations, car elle ne fait appel qu'à l'instinct. Le mental se met en off. Vous découvrez votre liberté intérieure ! Cette semaine, 4 fois, mettez une playlist que vous aimez. Essayez des mouvements : ralentir, accélérer, changer de rythme, rouler, sauter… Lâchez-vous !

EAT

J'écoute mon corps

Apprenez à reconnaître la vraie faim (pas juste une envie), à comprendre comment votre métabolisme fonctionne et ce dont il a besoin. Quand vous avez envie de grignoter, allez faire une petite marche de 10 min, buvez une tisane ou appelez une amie. Si, après cela, votre faim perdure, c'est qu'elle est vraie. Il vous faut aussi apprendre à reconnaître votre satiété. Le mieux est de sortir de table pas tout à fait rassasiée, pour faciliter le travail digestif.

VENDREDI 6

SAMEDI 7

DIMANCHE 8

To do list

L	M	M	J	V	S	D
						1
2	3	4	5	6	7	8
9	10	11	12	13	14	15
16	17	18	19	20	21	22
23	24	25	26	27	28	29
30	31					

SHINE

Je me reconnecte à mes seins

Souvent oubliés en soin quotidien, le buste et le décolleté sont une vraie porte de reconnexion à son corps de femme. En plus, cela renforce un tissu cutané fragilisé et aide à dégager vos poumons tout en apaisant votre esprit. Mélangez 10 gouttes d'HE de basilic sacré (tulsi), 50 d'HE de bois de rose, 40 d'HE de carotte et 50 ml de macérat de noyaux d'abricots. Massez vos seins en petits mouvements circulaires, puis remontez aux aisselles en passant par l'intérieur et l'extérieur (en alternant), 10 fois.

TRACKERS

Soin corps ○○○○○○○

Respect faim/satiété ○○○○○○○

Training cardio ○○○○○○○

Semaine 11

DU 9 AU 15 MARS

Ma pensée de la semaine

Se reconnecter à son corps, c'est prendre soin de lui en le cocoonant, en le nourrissant sainement et en lui permettant de mettre en œuvre ses capacités. Bouger et chercher à développer son corps avec le sport participe donc à son équilibre, et au bien-être mental. Cette semaine, engagez-vous ! Votre mantra : « Je suis 100 % active pour mon bien-être. »

LUNDI 9

MARDI 10

MERCREDI 11

JEUDI 12

SHINE

Douche connexion au corps

À la fin de votre douche, passez au froid (oui, oui) 2-3 min tout votre corps. C'est dur, surtout le matin, mais ça libère des endorphines, les hormones du bonheur. L'eau froide réveille, raffermit la peau, détend les muscles, améliore la circulation sanguine, stimule la perte de poids, renforce l'immunité et apporte brillance à vos cheveux. Vous vous connectez à d'autres sensations corporelles. Vous aurez une pêche d'enfer et pas besoin de café !

La pleine lune du 9 mars

La lune des semences ou du corbeau annonce l'arrivée du printemps et apporte espoir et succès. Elle aide à se préparer mentalement aux changements : nouveau travail, grossesse, nouveau partenaire, voyage, projet, développement personnel…

TRACKERS

Soin corps ○○○○○○○

Respect faim/satiété ○○○○○○○

Training cardio ○○○○○○○

GROW

Je célèbre la pleine lune du corbeau

Offrez-vous une journée de retraite dans la nature. Une pause pour vous connecter à vous, votre corps et à la nature. Marchez longuement. La cadence de vos pas induit un état méditatif. Si possible, prenez un bain frais dans une rivière pour vous purifier. Préparez-vous un pique-nique sain et laissez-en un peu aux animaux en gratitude.

EAT

Mon bortsch à la betterave

Pour une belle peau et un nettoyage du sang ! Faites revenir dans un peu d'huile d'olive 1 oignon haché et 2 gousses d'ail. Ajoutez 1 pomme de terre, 4 carottes, 100 g de betterave et 300 g de chou hachés finement et couvrez largement d'eau. Ajoutez ¼ de c. à c. de sel, de poivre noir et de l'aneth. Portez à ébullition, mijotez à couvert 1 h. Servez avec du persil haché.

VENDREDI 13

SAMEDI 14

DIMANCHE 15

To do list

L	M	M	J	V	S	D
						1
2	3	4	5	6	7	8
9	10	11	12	13	14	15
16	17	18	19	20	21	22
23	24	25	26	27	28	29
30	31					

Notes

FEEL

Mars anti-blues

Mars est un mois aqueux qui peut donner des coups de blues. Les douleurs profondes ressurgissent facilement. Permettez-vous d'être triste et pleurez de bon cœur pour extérioriser ce qui ne passe pas. La meilleure astuce quand vous avez un coup de blues est de bouger, car l'exercice libère des endorphines et d'autres molécules combattant la tristesse ou l'humeur dépressive. Cette semaine, dès que vous êtes triste, faites du yoga, de la danse, ou simplement marchez pour ne pas ruminer.

Semaine 12

DU 16 AU 22 MARS

Ma pensée de la semaine

La peau est comme une fenêtre sur le reste du corps, elle révèle ce qu'il se passe au plus profond de votre être. L'écouter et se connecter à elle, c'est se connecter à son corps tout entier ! Cette semaine, apprenez à la décoder et cocoonez-la. Votre mantra : « Ma peau est mon miroir. »

LUNDI 16

MARDI 17

MERCREDI 18

JEUDI 19

EAT

Skin food

À vous, les aliments bio, céréales complètes, légumes verts à feuilles (super détoxifiants pour le foie et la vésicule biliaire), légumineuses, épices et plantes digestives (curcuma ou romarin), fruits frais (surtout les pommes de saison !), huile d'olive vierge et graines toastées ! Mangez à heures fixes et tôt le soir. Limitez les protéines animales (dures à digérer) et les laitages le soir (surtout si vous avez des boutons). Pensez aussi aux aliments riches en antioxydants.

Notes

SHINE

Ma morning routine beauty skin

Chaque matin, nettoyez votre visage, appliquez un hydrolat de rose ou d'hamamélis, votre soin hydratant, puis massez votre visage : le cou, le menton jusqu'aux tempes avec des mouvements vers le haut, au-dessus de votre bouche vers l'extérieur, et autour de vos yeux en cercle. Remontez le long de votre nez et massez votre front du centre vers l'extérieur. Attendez quelques minutes avant d'appliquer votre make-up.

FEEL

Je calme mes émotions et ma peau

Un stress émotionnel quotidien, colère, irritation ou frustration, peut se manifester sur votre peau, sous forme d'acné ou d'inflammations (urticaire, eczéma, démangeaisons). Dès que vous vous sentez stressée, pratiquez la respiration profonde par le ventre : prenez une profonde inspiration, bloquez quelques secondes et expirez lentement par la bouche. Et prenez de la *Centella asiatica*, une plante bonne pour la peau et déstressante.

VENDREDI **20**

SAMEDI **21**

DIMANCHE **22**

To do list

L	M	M	J	V	S	D
						1
2	3	4	5	6	7	8
9	10	11	12	13	14	15
16	17	18	19	20	21	22
23	24	25	26	27	28	29
30	31					

GROW

Mon yoga du visage

Pour exprimer vos émotions tout en soutenant l'élimination des rides, pratiquez ces poses tous les jours. Un visage surpris : faites de gros yeux en exposant le plus possible le blanc de l'œil. Tenez jusqu'à ce que les larmes montent. Ensuite, mains sur le front, faites glisser vos doigts vers l'extérieur, 10 fois, avec une légère pression. Enfin, appuyez votre majeur et votre annulaire sur le coin intérieur des sourcils, index sur l'extérieur. Regardez au plafond et soulevez les paupières inférieures pour faire un fort plissement des yeux. Répétez 6 fois et terminez en fermant les yeux 10 s.

TRACKERS

Soin corps ○○○○○○○

Respect faim/satiété ○○○○○○○

Training cardio ○○○○○○○

Semaine 13

DU 23 AU 29 MARS

Ma pensée de la semaine

Les cheveux ne sont pas qu'un accessoire de beauté. Symboles de l'énergie vitale (c'est pourquoi les yogis indiens ne les coupent jamais !), ils représentent votre force, mais aussi votre personnalité, car ils symbolisent la liberté, la séduction. Cette semaine, reconnectez-vous à votre corps en prenant soin de vos cheveux, qui vous ouvrent une porte vers votre féminin sacré !

LUNDI 23

MARDI 24

MERCREDI 25

JEUDI 26

GROW

Ce que mes cheveux disent de moi…

La manière dont nous nous coiffons révèle notre personnalité ! Cheveux foncés : pensive. Cheveux roux : fun et passionnée. Cheveux blonds : sexy et forte tête. Cheveux gris : confiante. Couleurs vives : rebelle. Cheveux courts : professionnelle. Cheveux longs : sans soucis. Raie au milieu : organisée. Raie de côté : empathique. Cheveux raides : perfectionniste. Cheveux ondulés : créative. Cheveux épais : forte volonté. Style élaboré : critique.

La nouvelle lune du 24 mars

Embrassez son énergie en fixant des objectifs pour prendre soin de vous ce prochain mois. Créez un planning !

TRACKERS

Soin corps ○○○○○○○

Respect faim/satiété ○○○○○○○

Training cardio ○○○○○○○

EAT

Mon petit déjeuner hair beauty

Dans un bol, versez 1 yaourt grec (protéines digestes pour la pousse), des amandes (protéines, oméga-3 et 6, sélénium et manganèse, pour la croissance) et 1 poignée de myrtilles (fibres et antioxydants, pour lutter contre les radicaux libres qui peuvent rendre vos cheveux ternes). Vous pouvez ajouter 1 c. à c. de sirop d'érable ou de miel.

FEEL

Méditation hair beauty

Les cheveux sont l'un des baromètres les plus sensibles de la santé physiologique et psychologique, et donc au stress (pellicules, chute, réduction de volume…). Apprenez à gérer votre stress avec la méditation. Focalisez-vous complètement sur votre respiration en cherchant à la ralentir et à l'approfondir. Centrez-vous sur vos sensations lorsque l'air entre et sort de votre corps. C'est tout ! Prenez simplement quelques minutes pour une écoute active.

VENDREDI 27

SAMEDI 28

DIMANCHE 29

To do list

L	M	M	J	V	S	D
						1
2	3	4	5	6	7	8
9	10	11	12	13	14	15
16	17	18	19	20	21	22
23	24	25	26	27	28	29
30	31					

Notes

SHINE

Mon huile fortifiante cheveux

Nourrissez chaque semaine vos cheveux avec un bain d'huile de ricin aux HE, pour les fortifier, éviter leur chute et les rendre brillants. Dans un flacon, versez 70 gouttes d'HE de romarin cinéole, 70 d'HE de géranium rosat, 70 d'HE de gingembre et 30 ml d'huile de ricin. Appliquez-en un peu sur le cuir chevelu, en massant bien. Laissez poser 30 min, puis lavez-vous les cheveux. Geste brillance : un bouchon de vinaigre de cidre dans 1 litre d'eau pour le dernier rinçage !

Semaine 14

DU 30 MARS AU 5 AVRIL

Ma pensée de la semaine

Le pouvoir d'une femme est dans ses hanches ! Les hanches ont le pouvoir de séduire, de donner la vie et sont aussi un centre énergétique capital. Cette semaine, apprenez à libérer vos hanches et votre bassin, à respirer et bouger avec eux, pour fusionner avec le féminin sacré et votre corps !

LUNDI 30

MARDI 31

MERCREDI 1er

JEUDI 2

SHINE

Massage des hanches aux HE

Éliminez les tissus adipeux ! L'HE de poivre noir est très efficace pour stimuler le système circulatoire, et donc la fonte des graisses. Mélangez 15 gouttes d'HE de poivre noir, 10 d'huile de citron (digestion et drainage lymphatique), 10 de cyprès (décongestionnant veineux, lymphatique, anticellulite) et 5 de pamplemousse (drainage et déstockage des graisses) dans 10 cl d'huile de jojoba. Agitez bien. Appliquez 2 fois par jour en massant énergiquement votre peau avec de petits mouvements circulaires.

Notes

GROW

Yoga des hanches

En yoga, le bassin est le tiroir des émotions stockées, mais nous le travaillons rarement. Pour abandonner vos émotions passées, récupérez de la mobilité dans les hanches avec ces 5 poses : l'enfant, le pigeon sur une jambe, la fente basse, l'arbre, la torsion de la colonne vertébrale assise. Pratiquez chaque pose pendant 8 respirations conscientes.

FEEL

Mon exo de pole dance

La pole dance est un art et un sport sensuel focalisé sur les hanches des femmes. À la maison, utilisez soit un poteau, soit une chaise. D'abord, marchez autour du poteau. Vos hanches doivent saillir chaque fois légèrement, dans une marche sexy et provocante. Faites le tour, bras tenant le poteau, vos hanches guidant votre corps. Le pouvoir d'une femme réside dans ses hanches, ressentez-le !

VENDREDI 3

SAMEDI 4

DIMANCHE 5

To do list

L	M	M	J	V	S	D
						1
2	3	4	5	6	7	8
9	10	11	12	13	14	15
16	17	18	19	20	21	22
23	24	25	26	27	28	29
30	31					

EAT

Salade de lentilles aux légumes rôtis, citron et romarin

Une recette qui donne de l'énergie et facilite la digestion. Dans un plat, arrosez d'huile d'olive 450 g de carottes et 2 échalotes hachées, ajoutez romarin, sel et poivre. Rôtir 20 min au four à 200 °C. Dans une casserole, amenez à ébullition 300 g de lentilles, 1 feuille de laurier, 2 gousses d'ail, ¾ de c. à c. de sel dans 1 l d'eau. Mijotez à couvert 25 min. Mélangez les lentilles froides aux légumes rôtis, jus de citron et huile d'olive.

TRACKERS

Soin corps ○○○○○○○

Respect faim/satiété ○○○○○○○

Training cardio ○○○○○○○

Mon journal féminin

Comment je me suis sentie dans mon corps ce mois-ci ?

Comment j'ai vécu mes émotions ce mois-ci ?

Comment ai-je vécu mon cycle ce mois-ci ?

Me suis-je sentie connectée à mon féminin sacré ?

Qu'est-ce qui a bien fonctionné ce mois-ci ?

Qu'est-ce que je dois abandonner le mois prochain pour grandir dans mon féminin ?

Notes

Avril

J'ÉCOUTE MON INTUITION

En avril, le monde s'anime. À l'écoute de leur instinct, les animaux entendent le changement de la nature. C'est pourquoi avril est le meilleur mois pour apprendre à écouter votre intuition, vous aussi ! L'intuition est cet ensemble de signes venant des sentiments et des sensations physiques. À travers eux, c'est la voix de votre inconscient, une voix bienveillante, qui cherche à vous indiquer vos envies et vos besoins profonds. Apprenez à vous y connecter grâce à la pleine conscience. Le chiffre 4 est le symbole de la construction, de la réalisation et de la stabilité.

EAT

À vous, la nutrition intuitive ! Apprenez à choisir des aliments qui vous élèvent spirituellement (sattviques).

SHINE

Physiquement comme mentalement, avril est un mois chaud ! Après l'hiver, votre circulation sanguine augmente, vous donnant envie de bouger. Votre peau retrouve de la couleur. Prenez du plaisir à vous chouchouter en mode peps.

FEEL

Mentalement, c'est une période qui vous remplit d'enthousiasme, de douceur et d'affection. Les graines de bien-être que vous avez semées pendant l'hiver commencent à germer. Si vous avez bien fait votre travail de digestion des émotions, vous aurez une forme au top et serez disposée à vous ouvrir aux subtilités de l'intuition. Vous allez apprendre à exercer votre 6e sens. Pas mal, non ?

GROW

Dans la sphère spirituelle, découvrez des outils pour développer votre intuition. Vous essaierez une méditation sur votre 3e œil (siège de l'intuition), le souffle *Bhramari* (dont les résonances internes vous ouvrent à votre inconscient), vous apprendrez à écouter vos rêves et à utiliser la visualisation.

MA ROUE DES LUNES D'avril

Dans votre roue des lunes, suivez ce qu'il se passe dans votre corps (notamment vos règles) en coloriant les dates des symptômes. À vous de choisir votre couleur ! Vous pouvez aussi signifier l'intensité de votre flux en dessinant des gouttes : 1 pour léger, 2 pour moyen et 3 pour important. Vous apprenez ainsi à mieux connaître votre cycle et la manière dont il vous affecte. Le calendrier lunaire vous permet de vous sentir en harmonie avec le monde !

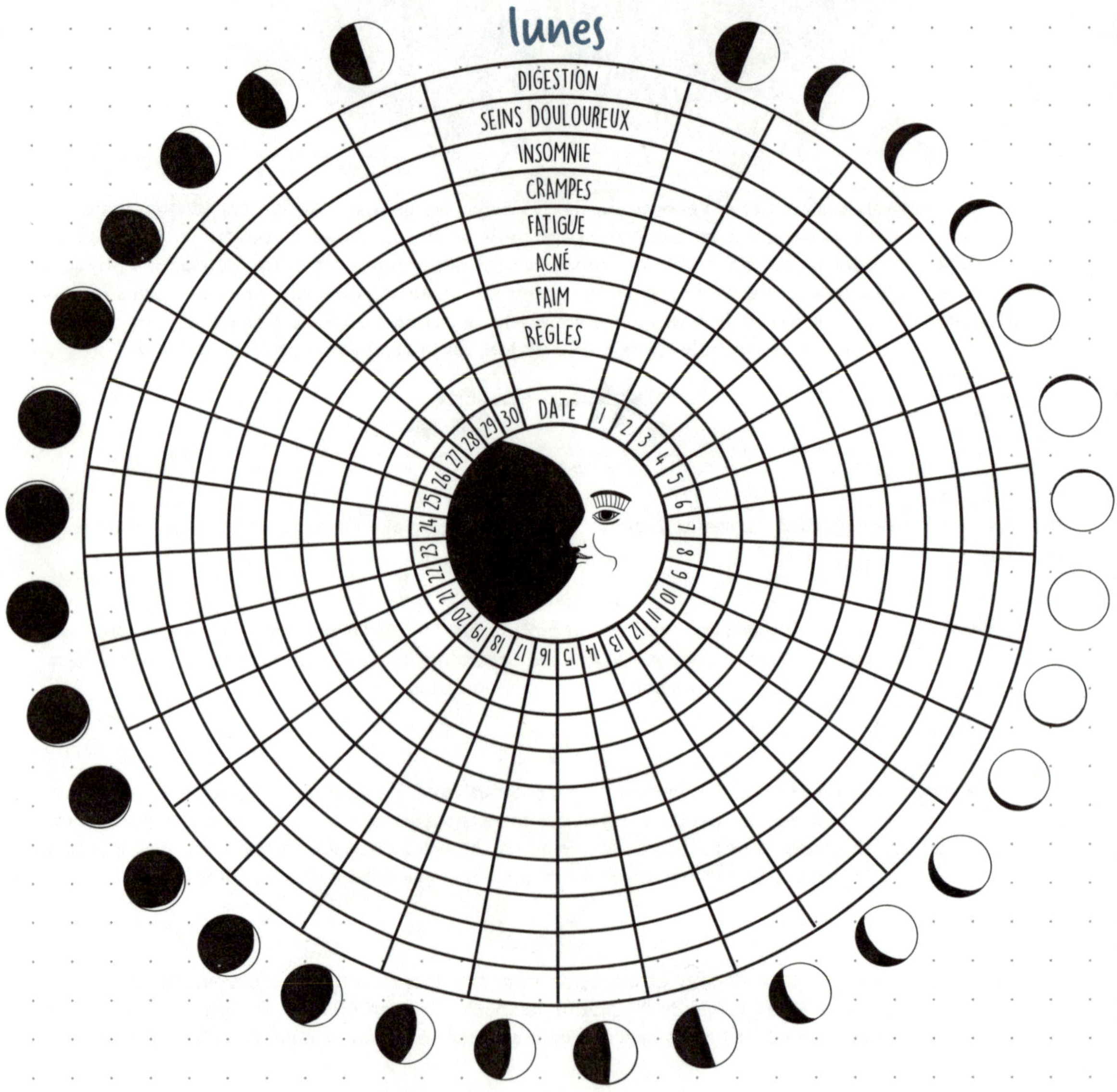

MON MANDALA MOOD D'avril

Le hibou est le constant observateur qui voit dans le noir. Ainsi, il vous guide au-delà du voile de la tromperie et de l'illusion, pour voir ce qui est caché, d'où sa sagesse légendaire. C'est un animal de pouvoir avec une forte intuition qui va vous aider à développer la vôtre et à prendre des décisions. Animal ésotérique par essence (compagnon des sorcières), le hibou vous invite aussi à explorer l'inconnu et la magie de la vie (ses signes subtils qui vous entourent et vous parlent). Soyez attentive !

- Calme
- Heureuse
- Énergique, en forme
- Irritable, sujette aux sautes d'humeur
- Énervée
- Perdue, confuse
- Anxieuse
- Déprimée

Semaine 15

DU 6 AU 12 AVRIL

Ma pensée de la semaine

L'intuition est un sens qui transcende les plans physique ou mental, et qui retranscrit toujours le message de votre cœur. Cela paraît souvent irrationnel, c'est pourquoi il vous faut d'abord rétablir votre confiance en elle. Mais être capable de l'écouter, puis d'agir en suivant ses conseils est une clé pour libérer votre pouvoir féminin profond. Votre mantra de la semaine : « J'écoute ma petite voix intérieure. »

LUNDI 6

MARDI 7

MERCREDI 8

JEUDI 9

EAT

Intuitive food

1 : rejetez les régimes ! 2 : respectez votre faim en écoutant les signaux du corps. 3 : faites la paix avec la nourriture (se priver de certains aliments entraîne des craquages). 4 : stop à la culpabilité, faites taire votre police alimentaire qui attaque au moindre écart. 5 : respectez votre satiété. 6 : apportez-vous satisfaction et plaisir. 7 : honorez vos émotions sans utiliser la nourriture comme doudou. 8 : respectez les besoins et la santé de votre corps.

La (pleine) lune des semences du 8 avril

C'est la lune des commencements (aussi idéale pour attirer l'amour !). Il est temps de passer à l'action : plantez des graines pour symboliser vos projets, méditez sur un projet que vous souhaitez initier.

TRACKERS

Intuitive food ○○○○○○○

Méditation ○○○○○○○

Moment cocooning ○○○○○○○

SHINE

Gommage au sel et aux agrumes

Idéal pour la douche du matin ou après le sport. Mélangez 150 g de sel de mer fin, 12 cl d'huile de votre choix (jojoba, amande, olive, etc.) et 1 c. à s. de zeste d'agrume (citron, citron vert, orange, pamplemousse ou un mélange). Frottez votre peau à sec dans votre douche (en évitant les yeux), puis rincez.

GROW

Méditation du 3e oeil à la pleine lune des semences

Souvent désigné comme le siège du 3e œil, le 6e chakra, ajna, est l'endroit où l'intuition et la conscience transcendent la logique. Connectez-vous à ajna en chantant : répétez le son de base du chakra, « AUM (OM) », aussi longtemps que vous pouvez maintenir votre concentration, au rythme de votre respiration. Le son « aum » est alors comme un bourdonnement intérieur. Laissez ce mantra ouvrir votre conscience !

VENDREDI 10

SAMEDI 11

DIMANCHE 12

Pâques

To do list

L	M	M	J	V	S	D
		1	2	3	4	5
6	7	8	9	10	11	12
13	14	15	16	17	18	19
20	21	22	23	24	25	26
27	28	29	30			

Notes

FEEL

Je me connecte à mon cerveau intuitif

Chaque hémisphère du cerveau traite les informations à sa façon. Le côté droit, irrationnel, est celui de la vision globale et synthétique, de l'intuition. Mais il est souvent dominé par le gauche, rationnel, qui gère la parole, les nombres et l'analyse. Pour laisser le cerveau droit s'exprimer, il faut apprendre à court-circuiter le gauche. La meilleure méthode : le dessin ! Selon la technique de Betty Edwards, choisissez une image inversée à redessiner à l'endroit. Essayez, c'est stupéfiant !

Semaine 16

DU 13 AU 19 AVRIL

Ma pensée de la semaine

L'intuition se traduit par un certain nombre de signes dans le corps, comme des maux de ventre, des tensions, des frissons… Il faut savoir écouter ces sensations. La pleine conscience, un état d'esprit dans lequel vous portez attention intentionnellement au moment présent, ouvre tous vos sens, et ainsi capte les signes subtils de l'intuition. Votre mantra? «J'écoute mes sensations intuitives.»

LUNDI 13	MARDI 14	MERCREDI 15	JEUDI 16
Lundi de Pâques			

SHINE

Automassage anticellulite et rétention

Avec l'arrivée de la chaleur, votre système lymphatique ralentit. La lymphe s'accumule, provoquant gonflements, lourdeur et cellulite. Un frein à l'intuition! Pour remettre votre lymphe en route, massez vos jambes avec un peu d'huile (au choix) : d'abord la cheville, avec des mouvements profonds, lents et ascendants. Puis passez au palper-rouler : pincez votre peau (formant un pli) et pétrissez pour réactiver la circulation et décoller la graisse. Massez aussi mollets, cuisses et fesses. 3 fois par semaine.

Notes

EAT

Pâtes de sarrasin au pesto de fenouil

Les graines de courge, le fenouil et la coriandre sont tous des diurétiques qui aident à éliminer l'excès d'eau de votre corps. Faites griller à sec 50 g de graines de courge. Mixez-les avec les branches de 2 bulbes de fenouil, le jus d'1 citron, 2 gousses d'ail, sel et poivre, en versant progressivement 5 c. à s. d'huile d'olive. Faites cuire vos pâtes de sarrasin et savourez avec ce pesto.

FEEL

J'écoute les signaux de mon corps

Chaque jour, notez comment vous vous sentez quand vous prenez une décision, les réactions physiques : battements de cœur, respiration saccadée, sensation d'étouffer, froid dans la poitrine, mains moites… Votre corps et votre inconscient vous parlent. Si vous vous sentez allégée et sereine, vous avez pris la bonne décision. Par contre, si un mal-être ou des maladresses (vous vous cognez, cassez quelque chose…) surviennent, interrogez-vous sur sa justesse.

VENDREDI 17

SAMEDI 18

DIMANCHE 19

To do list

L	M	M	J	V	S	D
		1	2	3	4	5
6	7	8	9	10	11	12
13	14	15	16	17	18	19
20	21	22	23	24	25	26
27	28	29	30			

GROW

Ma respiration Bhramari

Bhramari (« souffle de l'abeille ») se focalise sur le 3ᵉ œil dans la pratique yogique, le chakra de l'intuition. Asseyez-vous, dos droit. Bouchez vos oreilles avec vos pouces, coudes levés. Vos index sont sur votre 3ᵉ œil (entre vos sourcils), vos majeurs entre les yeux et les autres doigts le long des narines. Inspirez profondément, centrée sur votre 3ᵉ œil. Expirez en produisant le bourdonnement de l'abeille : bouche fermée, langue souple sur le palais, du fond de la gorge. Sentez la vibration dans votre tête. Pratiquez 5 min.

TRACKERS

Intuitive food ○○○○○○○

Méditation ○○○○○○○

Moment cocooning ○○○○○○○

Semaine 17

DU 20 AU 26 AVRIL

Ma pensée de la semaine

Comprendre son intuition, c'est apprendre à dialoguer avec son inconscient, dont elle est la petite voix. Et pour recevoir une réponse, il faut d'abord apprendre à questionner. Cette semaine, votre mantra : « J'écoute et j'oriente mon intuition pour qu'elle me guide à chaque instant. »

LUNDI 20

MARDI 21

MERCREDI 22

JEUDI 23

SHINE

Mon soin intuition cheveux et tête

L'huile indienne de brahmi nourrit les cheveux et soutient la clarté de l'esprit, favorisant un état de pleine conscience (parfait pour l'intuition !), renforce la mémoire et l'intellect. Massez votre cuir chevelu, plutôt le soir, sur cheveux secs, en mouvements circulaires. Bougez doucement vos doigts du sommet de votre tête vers vos oreilles et la base de votre crâne. Rincez et lavez vos cheveux.

La nouvelle lune du 23 avril

Elle vous invite à développer votre intuition ! Posez votre question (une décision à prendre, une situation personnelle ou simplement une guidance) à un oracle, par exemple.

TRACKERS

Intuitive food ○○○○○○○

Méditation ○○○○○○○

Moment cocooning ○○○○○○○

FEEL

Je questionne mon inconscient

Les oracles sont des cartes contenant des messages de développement personnel. Mélangez les cartes en pensant à ce qui vous préoccupe. Étalez les cartes, fermez les yeux et posez votre question à haute voix. En conscience, choisissez la carte qui vous attire le plus. D'après le texte et/ou l'illustration, déduisez comment elle répond à votre question. Faites parler votre intuition.

GROW

J'écoute ce que me disent mes rêves

L'inconscient s'exprime par les rêves. Apprenez à les interpréter. Placez un carnet près de votre lit. Avant de vous coucher, méditez en respirant profondément. Lorsque vous êtes calme et détendue, répétez : « Je veux observer mes rêves et écouter ce que mon subconscient a à me dire. » Au réveil, prenez 5 min pour vous rappeler votre rêve et écrivez-le. Un moyen idéal pour débloquer des informations précieuses !

VENDREDI 24

SAMEDI 25

DIMANCHE 26

To do list

L	M	M	J	V	S	D
		1	2	3	4	5
6	7	8	9	10	11	12
13	14	15	16	17	18	19
20	21	22	23	24	25	26
27	28	29	30			

Notes

EAT

Sattvique food

Vous êtes ce que vous mangez. En ayurveda, 3 qualités caractérisent tout ce qui existe : sattva (clarté et légèreté), raja (volonté et pouvoir) et tama (densité, destruction et impulsion). Les aliments sattviques favorisent santé, calme et intuition : fruits frais, légumes, céréales complètes, laitages, légumineuses, oléagineux, huiles végétales vierges, épices douces… Le menu sattvique est végétarien (la viande, nécessitant la mort d'un animal, est tamasique) et sans excitants (rajastiques, maintenant l'esprit dans le mouvement et l'ego).

Semaine 18

DU 27 AVRIL AU 3 MAI

Ma pensée de la semaine

L'intuition est comme un muscle, qui gagne en force à mesure qu'on l'utilise. Prenez confiance en votre intuition, exercez-la et développez-la. Cet outil magnifique vous accompagnera alors en permanence pour vous maintenir en contact avec votre féminité profonde et vos envies. Votre mantra : «Je laisse mon intuition me guider à chaque instant.»

LUNDI 27

MARDI 28

MERCREDI 29

JEUDI 30

FEEL

J'entraîne mon intuition

Entraînez votre intuition tous les jours : essayez de deviner quelque chose sur un collègue, où va s'asseoir la personne qui entre dans votre bus, qui appelle chaque fois que le téléphone sonne, le résultat d'un match… Remember : ce n'est pas de la magie mais la déduction d'un faisceau de perceptions inconscientes. Saisissez le moindre prétexte pour développer votre intuition. Plus vous tomberez juste, plus vous prendrez confiance et plus vous aurez envie de la suivre !

Notes

GROW

Ma visualisation intuition booster

Créez votre espace mental sacré en état de méditation : visualisez une pièce, puis ajoutez-y les objets de votre choix. Revenez à vous. Maintenant, vous devez apprendre à utiliser cette salle. Retournez-y. Prenez le temps de la reconstruire. Chaque objet est symbolique ; votre subconscient vous transmet des informations à travers eux ! Explorez votre espace et interprétez le message de chaque objet.

EAT

Smoothie bowl au matcha

Un bowl 100 % intuitive food ! Mixez au blender 12,5 cl d'eau de coco, 1 poignée d'épinards frais, 1 banane congelée, ½ avocat, 2 c. à c. de zestes de citron vert, 1 c. à s. de jus de citron vert, 2 glaçons, 1 c. à c. de sirop d'érable, ½ c. à c. de poudre de matcha. Versez dans un bol et garnissez de granola, bananes ou noix de coco râpée.

VENDREDI 1er

Fête du travail

SAMEDI 2

DIMANCHE 3

To do list

L	M	M	J	V	S	D
		1	2	3	4	5
6	7	8	9	10	11	12
13	14	15	16	17	18	19
20	21	22	23	24	25	26
27	28	29	30			

SHINE

Gommage visage bonne mine

Les 3 ingrédients de ce gommage (avoine, huile de coco et curcuma) en font un soin désincrustant et doux aux multiples actions (adoucissante, apaisante, anti-inflammatoire, antibactérienne, antioxydante), pour tout type de peau. Mélangez 1 c. à c. de flocons d'avoine, 1 c. à c. d'huile de coco et ½ c. à c. de curcuma (attention, ça tache !). Appliquez sur votre peau humide. Vous pouvez laisser poser comme un masque 10 min. Puis massez délicatement avec de petits mouvements circulaires. Rincez abondamment à l'eau tiède, puis vaporisez sur le visage l'hydrolat de votre choix.

TRACKERS

Intuitive food ○○○○○○○

Méditation ○○○○○○○

Moment cocooning ○○○○○○○

Mon journal féminin

Comment je me suis sentie dans mon corps ce mois-ci ?

Comment j'ai vécu mes émotions ce mois-ci ?

Comment ai-je vécu mon cycle ce mois-ci ?

Me suis-je sentie connectée à mon féminin sacré ?

Qu'est-ce qui a bien fonctionné ce mois-ci ?

Qu'est-ce que je dois abandonner le mois prochain pour grandir dans mon féminin ?

Notes

Mai

JE SAVOURE MA VIE AVEC TOUS MES SENS

Le mois de mai est un mois puissant en énergie et en sensations. Cela commence par Beltane, le 1er mai, un rituel gaélique qui honore la vie. Il représente le sommet du printemps et le début de l'été. Les énergies de la Terre sont fortes et actives, et partout la vie explose, comme dans la nature, où faune et flore sont en effervescence. C'est une célébration de l'abondance, de la sensualité, de la vitalité et de la joie. La symbolique du chiffre 5 de mai confirme cette énergie : elle correspond à la liberté, au dynamisme, à l'aventure, à la frivolité et à la vie. Votre corps, lui, s'est adapté à la chaleur de la saison et profite maintenant des plaisirs de la vie, tous vos sens sont aux aguets. C'est donc le mois parfait pour savourer votre vie avec tous vos sens, avec un maximum d'intensité à chaque instant ! Bref, ouvrez tout votre corps féminin !

EAT

L'alimentation est une expérience qui permet d'ouvrir son corps au monde. Et ça ne passe pas que par le goût. Saviez-vous qu'il existe 6 goûts et des températures qui classifient les aliments ? C'est aussi tout un monde d'odeurs et de textures. Un maximum de sensations.

SHINE

Spécial cocooning pour vos 5 sens. Chouchoutez et explorez les organes de vos sens (oreilles, peau, peau) avec des soins gourmands.

FEEL

Apprenez à améliorer votre état mental grâce à l'aromathérapie et au toucher. Fermez les yeux pour apprécier le monde différemment !

GROW

Ce mois-ci, vous allez pratiquer le *pratyahara*, le retrait ou la focalisation sur l'un des sens. Que ce soit à travers l'écoute, la vue, le toucher ou encore l'odorat, cette pratique permet de donner un focus à votre *monkey mind*, de l'amadouer pour vous aider à le calmer. C'est un pas crucial dans la progression spirituelle.

MA ROUE DES LUNES DE mai

Dans votre roue des lunes, suivez ce qu'il se passe dans votre corps (notamment vos règles) en coloriant les dates des symptômes. À vous de choisir votre couleur ! Vous pouvez aussi signifier l'intensité de votre flux en dessinant des gouttes : 1 pour léger, 2 pour moyen et 3 pour important. Vous apprenez ainsi à mieux connaître votre cycle et la manière dont il vous affecte. Le calendrier lunaire vous permet de vous sentir en harmonie avec le monde !

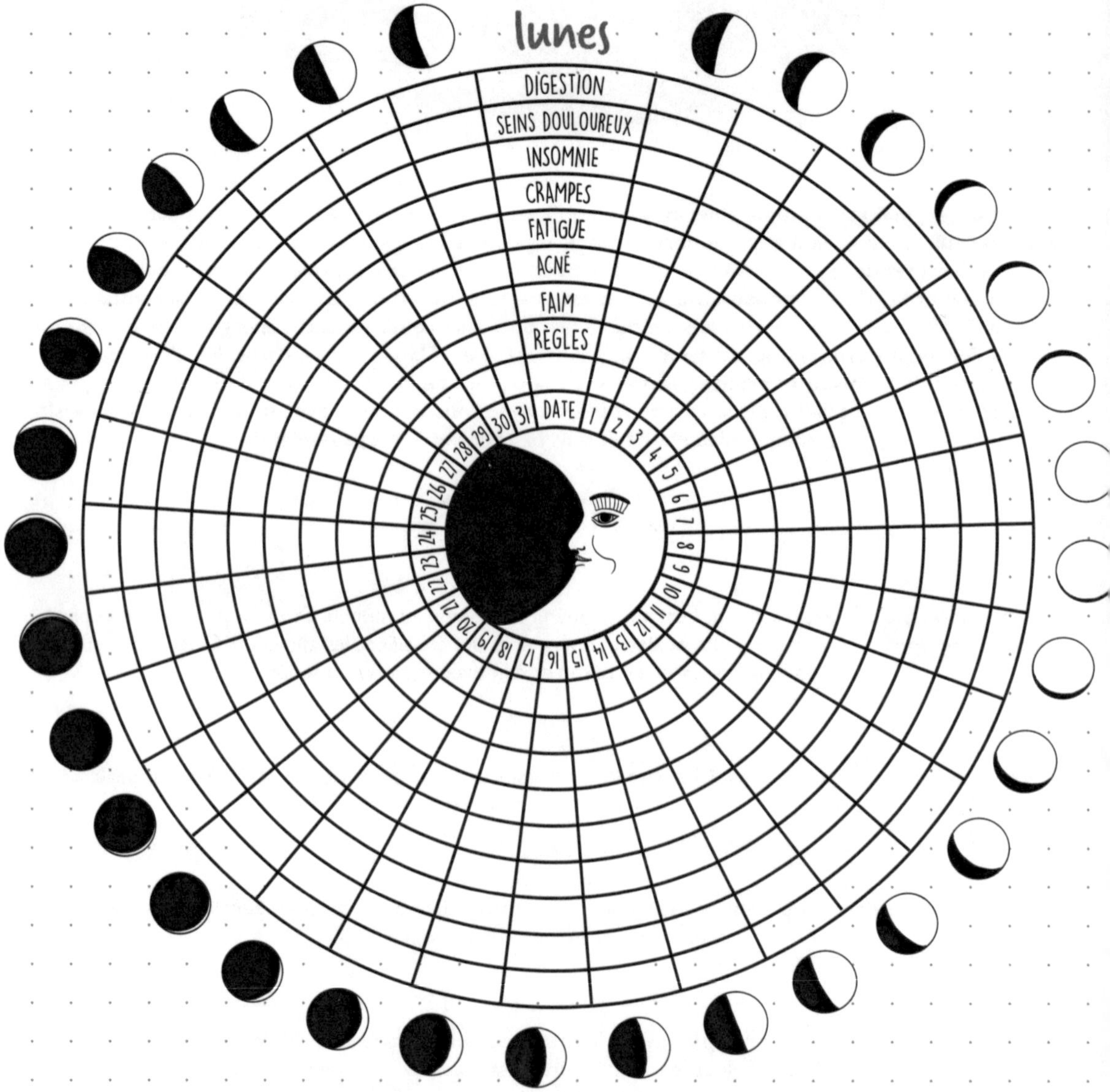

MON MANDALA MOOD DE mai

L'animal-esprit colibri est très honoré dans le chamanisme amérindien. Il symbolise le plaisir, la douceur, la jouissance de la vie et la légèreté de l'être, la présence et l'indépendance. Il est donc parfait pour vous guider vers l'exploration libre de vos sens durant ce mois de mai.

- Calme
- Heureuse
- Énergique, en forme
- Irritable, sujette aux sautes d'humeur
- Énervée
- Perdue, confuse
- Anxieuse
- Déprimée

Semaine 19

DU 4 AU 10 MAI

Ma pensée de la semaine

Tous les sens ont leur importance! Cette semaine, stimulez votre ouïe, un sens essentiel pour communiquer, vous exprimer, cerner votre environnement extérieur, interagir et cultiver votre monde intérieur. Votre mantra? «J'écoute les sons et le silence, et je profite intensément de la vie!»

LUNDI 4

MARDI 5

MERCREDI 6

JEUDI 7

SHINE

Mon soin des oreilles

Le must : la bougie auriculaire! Elle stimule l'irrigation sanguine, ramollit le cérumen et enlève les impuretés. En brûlant, la bougie aspire l'air et la saleté dans votre oreille. *No worries*, c'est sans risque. Allongez-vous sur le côté et introduisez la partie mince du cône dans votre oreille. Faites allumer à quelqu'un la partie supérieure, puis attendez que la bougie se consume jusqu'à la bague brise-flamme. Retirez le cône et plongez-le dans un verre d'eau pour l'éteindre complètement.

La pleine lune du 7 mai

Lune des fleurs ou des réjouissances, elle apporte santé, amour, romance et sagesse. C'est une lune propice à tout rituel destiné à raviver la vie, l'intellect et surtout la flamme de la passion.

TRACKERS

Chanter des mantras ○○○○○○○

Manger avec les 5 sens ○○○○○○○

Moment cocooning ○○○○○○○

FEEL

5 exos beautiful sounds

1. Identifiez la distance des sons et leur volume.
2. Écoutez les rythmes, les battements et les bruits répétitifs.
3. Distinguez chaque son et suivez-les individuellement.
4. Remarquez le silence entre les sons et le fond silencieux derrière un son.
5. Écoutez de la musique ou votre chant, les yeux fermés.

EAT

Mon bouddha bol veggie

Faites rôtir 30 min au four à 200 °C, 1 patate douce moyenne en dés avec un peu d'huile, sel, poivre et romarin. Poêlez 200 g de haricots verts avec 2 gousses d'ail, sel et poivre. Mélangez 100 g de pois chiches cuits avec 1 c. à c. d'huile d'olive, jus de citron et zaatar. Râpez 1 carotte et assaisonnez-la à l'huile d'olive et jus d'orange. Assemblez chaque ingrédient côte à côte dans le bol.

VENDREDI 8

Victoire 1945

SAMEDI 9

DIMANCHE 10

To do list

L	M	M	J	V	S	D
				1	2	3
4	5	6	7	8	9	10
11	12	13	14	15	16	17
18	19	20	21	22	23	24
25	26	27	28	29	30	31

Notes

GROW

Méditation sur le son d'une plante

Asseyez-vous et écoutez une plante, un arbre ou une fleur en l'observant. Concentrez-vous sur le son, sans analyse. Entendez la vie dans la plante, la paix, la manière dont elle grandit à partir du silence et de la quiétude. Sentez son contentement de vivre. Entendez-vous le vent dans ses feuilles ? Un insecte qui y grimpe ? Remarquez les couleurs, les formes, la croissance : les feuilles qui poussent dans des directions différentes sans se combattre, cherchant la lumière et l'air. Imaginez les racines creusant la terre, sentez leur force.

Semaine 20

DU 11 AU 17 MAI

Ma pensée de la semaine

L'odorat est le plus mystérieux de nos sens. Il joue un rôle clé dans les émotions, le comportement (attirance, rejet), les réactions instinctives, les rêves, la concentration, la mémoire. Il est constitué de plus de 5 millions de cellules réceptrices dans le nez, liées au système limbique, qui régit les émotions. Votre mantra : «Je me focalise sur la subtilité de tous les parfums et je vis encore plus fort!»

LUNDI 11

MARDI 12

MERCREDI 13

JEUDI 14

GROW

Mes odeurs du bonheur

L'odorat vous donne un super pouvoir : celui de vous rappeler des souvenirs lointains enfouis, comme les souvenirs d'enfance. Car odeurs et souvenirs sont traités par des zones cérébrales très proches. Au quotidien, prêtez attention aux odeurs pour le bien de votre mémoire et de vos souvenirs futurs. À chaque instant, activez votre odorat. Sentez votre chéri le matin allongé près de vous, l'odeur de la pluie, celle du café, de la rue... pour créer votre bibliothèque de souvenirs précieux et tout vivre plus intensément.

Notes

SHINE

Bain plaisir aux huiles essentielles

Choisissez un support (miel, lait d'amande, savon liquide ou base moussante) et dissolvez-y environ 10 gouttes d'HE (3 camomille, 3 marjolaine et 4 lavande) dans un bol. Versez ce mélange dans votre bain chaud en brassant un peu l'eau pour homogénéiser l'ensemble. C'est parti pour la détente et pour tester l'effet des odeurs sur vous!

FEEL

Aroma feel good

L'aromathérapie est le soin par les molécules odorantes des plantes. Les principes actifs des huiles essentielles, en contact avec votre muqueuse respiratoire (nez, sinus, gorge, poumons), peuvent affecter vos récepteurs nerveux et ainsi modifier vos humeurs. Diffusez ou respirez des huiles essentielles. Pour la bonne humeur : bergamote, basilic, marjolaine à coquilles ou mandarine; pour détendre votre esprit : néroli, bois de hô ou lavande; pour vous stimuler : verveine, pin sylvestre.

VENDREDI 15

SAMEDI 16

DIMANCHE 17

To do list

L	M	M	J	V	S	D
				1	2	3
4	5	6	7	8	9	10
11	12	13	14	15	16	17
18	19	20	21	22	23	24
25	26	27	28	29	30	31

EAT

Smell & food

Pour votre cerveau, la saveur d'un aliment est en réalité due à 3 sens : le goût, l'odeur et le toucher. Si vous bouchez vos narines en mâchant, le goût est limité, difficile à identifier. En effet, lorsque vous mâchez, vous activez des cellules olfactives qui transmettent des informations à la bouche. Prenez le temps de sentir chacun de vos aliments. L'odeur peut vous parler instinctivement, vous attire-t-elle ou bien vous repousse-t-elle? Votre odorat vous dit si cet aliment est bon pour vous. Faites appel à l'intelligence de votre corps.

TRACKERS

- *Chanter des mantras* ○○○○○○○
- *Manger avec les 5 sens* ○○○○○○○
- *Moment cocooning* ○○○○○○○

Semaine 21

DU 18 AU 24 MAI

Ma pensée de la semaine

Le toucher est thérapeutique, il transmet des émotions. Très intime et profondément émouvant, c'est un sens que l'on perd un peu en devenant adulte. Votre mantra : «Je m'ouvre à tous les contacts.» Il promet des émotions d'une rare intensité!

LUNDI 18	MARDI 19	MERCREDI 20	JEUDI 21
			Ascension

SHINE

Mon beurre corporel fouetté à la mandarine

Massez-vous avec cette crème fabuleuse au toucher! Dans un bain-marie, mélangez 100 g de beurre de karité, 100 g de beurre de cacao, 10 cl d'huile de coco et 10 cl d'huile de jojoba. Portez à feu moyen et remuez jusqu'à homogénéité. Laissez refroidir, ajoutez 20 gouttes d'HE de mandarine. Mettez au frais 1 h, puis fouettez au batteur 10 min jusqu'à consistance mousseuse. Conservez dans un bocal au frais.

La nouvelle lune du 22 mai

Profitez de son énergie pour poser vos intentions de jouir de vos sens. Faites ce rituel cocooning : savourez une tisane dans un bain, avec de l'encens, de la musique douce et des bougies.

TRACKERS

Chanter des mantras ○○○○○○○

Manger avec les 5 sens ○○○○○○○

Moment cocooning ○○○○○○○

FEEL

Mon ancrage live intensely

Les textures influencent les émotions. Les soyeuses et lisses procurent plaisir et apaisement, les rêches irritent (peau et mental) et promettent des émotions négatives. Elles influencent aussi vos relations avec les autres. Porter un vêtement doux et confortable vous fait vous sentir bien dans votre peau et dans votre tête, vous serez alors plus ouverte et attirante. Expérimentez l'influence des textures sur vous pour vous familiariser avec cet outil magique.

EAT

Hand food

Cette technique est utilisée en Inde, Asie et Afrique. Manger avec les mains vous ramène à une sensation primitive. Vous prenez davantage conscience des textures, goûts et arômes lorsque vous mangez avec vos doigts, car ceux-ci comportent des terminaisons nerveuses qui décuplent les sensations et soutiennent la digestion. Donc, cette semaine : mangez avec les mains !

VENDREDI 22

SAMEDI 23

DIMANCHE 24

To do list

L	M	M	J	V	S	D
				1	2	3
4	5	6	7	8	9	10
11	12	13	14	15	16	17
18	19	20	21	22	23	24
25	26	27	28	29	30	31

Notes

GROW

Hug time

Notre vision culturelle du toucher vient de la taille de notre espace privé : dans les cultures où cet espace est faible, cela crée des relations très tactiles. Au contraire, quand cet espace est grand, comme en Europe, le toucher est souvent perçu comme intrusif. Or le toucher nourrit votre besoin naturel de connexion physique et mentale aux autres. Redéveloppez une relation saine avec le toucher. Votre objectif : 5 hugs par jour ! Commencez par vos proches et votre chéri. Votre moral sera au top !

Semaine 22

DU 25 AU 31 MAI

Ma pensée de la semaine

Le goût véhicule des émotions et affecte à la fois votre physique et votre mental, car il peut vous offrir du plaisir, mais aussi vous réconforter… Le goût de chacun est unique et reflète son histoire : la génétique, la culture, le terroir de la région où l'on a grandi et celui de la région où l'on vit. Votre mantra : «Je goûte intensément les saveurs pour vivre plus fort et mieux me connaître !»

LUNDI 25

MARDI 26

MERCREDI 27

JEUDI 28

FEEL

Stop au grignotage émotionnel

Chocolat, alcool, chips… vous nourrissez vos sentiments plutôt que votre corps ! Vos fringales sont une faim émotionnelle issue d'un besoin fondamental non satisfait (confort, contact, amour, soutien…). En vous écoutant et en découvrant ce dont vous avez besoin, vous pouvez combler vous-même ces émotions (par le soin, l'aromathérapie, les câlins…), sans passer par l'alimentation. Cette semaine, choisissez de faire face à vos émotions différemment au lieu de les couvrir de nourriture.

Notes

EAT

Les 6 goûts

La médecine traditionnelle indienne différencie 6 goûts, chacun affecte votre corps et votre mental. Le sucré donne de l'énergie ; le salé calme le système nerveux ; l'acide augmente la digestion ; le piquant détruit les toxines digestives ; l'amer calme les inflammations ; l'astringent tonifie les tissus et est anti-inflammatoire. Vous avez besoin des 6 dans votre alimentation quotidienne pour être en équilibre.

SHINE

Masque visage gourmand

Le chocolat remonte le moral et est bon pour la peau grâce à ses propriétés antioxydantes, hydratantes et cicatrisantes. Faites fondre 6 carrés de chocolat noir (minimum 70 %) au bain-marie et ajoutez 1 c. à s. d'huile d'amande douce. Mélangez bien et appliquez tiède sur le visage avec les doigts. Laissez reposer 15 min, rincez à l'eau tiède, puis à l'eau froide, pour tonifier votre visage et resserrer les pores.

VENDREDI 29

SAMEDI 30

DIMANCHE 31

Pentecôte

To do list

L	M	M	J	V	S	D
				1	2	3
4	5	6	7	8	9	10
11	12	13	14	15	16	17
18	19	20	21	22	23	24
25	26	27	28	29	30	31

GROW

Yoga les yeux bandés

Bander vos yeux pendant le yoga vous permet de vous recentrer sur vous. Utilisez vos mains pour vous repérer, bougez lentement en commençant par 5 salutations au soleil. Puis pratiquez des positions faciles comme le triangle, le guerrier, la fente… Si vous titubez un peu, ce n'est pas grave, prenez le temps de vous recentrer et recommencez. Puis lancez-vous dans des poses d'équilibre comme l'arbre. Vos autres sens sont accrus : vous vous sentez sensuelle, vous sentez votre jambe prendre appui, votre sueur couler sur votre peau. Terminez en vous allongeant au sol 5 min (encore les yeux fermés) sur votre tapis, avec une couverture.

TRACKERS

Chanter des mantras ○○○○○○○

Manger avec les 5 sens ○○○○○○○

Moment cocooning ○○○○○○○

Mon journal féminin

Comment je me suis sentie dans mon corps ce mois-ci ?

Comment j'ai vécu mes émotions ce mois-ci ?

Comment ai-je vécu mon cycle ce mois-ci ?

Me suis-je sentie connectée à mon féminin sacré ?

Qu'est-ce qui a bien fonctionné ce mois-ci ?

Qu'est-ce que je dois abandonner le mois prochain pour grandir dans mon féminin ?

Notes

Juin

JE REJOINS LA SORORITÉ

Le mois de juin est l'un des mois les plus attendus de l'année. Le soleil est intense dans le ciel bleu. Physiquement, vous vous sentez bien et avez envie de sortir et bouger. Votre mental aussi est ensoleillé. Vous souriez plus et voulez passer du temps en famille et entre amis. C'est le moment parfait pour explorer vos relations avec vos amies et les femmes en général. Car le lien entre femmes est fort et précieux. Elles sont faites pour être ensemble, c'est une caractéristique profonde de l'énergie féminine qui vise à lier et unir. Se sentir entre femmes comme des sœurs permet de s'ouvrir les unes aux autres, se connecter profondément et partager ses émotions. Ainsi, vous embrassez votre énergie féminine sacrée. Le chiffre 6 du mois de juin symbolise la beauté, l'harmonie, la perfection et l'amour, des énergies d'union et d'entente !

EAT

Savourez des recettes de saison pour équilibrer naturellement votre corps et votre mental et vous transmettre l'énergie de joie et d'amour du mois de juin. L'amour réside dans le 4e chakra du cœur qu'il faut aussi apprendre à nourrir correctement.

SHINE

Faites le plein d'amour avec des moments cocooning entre femmes, que ce soit votre mère, votre sœur ou des amies. Prenez aussi soin de votre peau souvent surexposée avec des soins maison et de saison.

FEEL

Émotionnellement, vous allez travailler sur vos relations avec vos amies en reconnaissant votre insécurité, puis en pratiquant l'écoute active, le meilleur moyen de vous rapprocher de vos proches. Redécouvrez le vrai sens et les plaisirs de l'amitié dans la joie, le soutien et le jeu.

GROW

Travaillez votre chakra du cœur avec de la méditation, du yoga et des rituels d'amitié !

MA ROUE DES LUNES DE juin

Dans votre roue des lunes, suivez ce qu'il se passe dans votre corps (notamment vos règles) en coloriant les dates des symptômes. À vous de choisir votre couleur ! Vous pouvez aussi signifier l'intensité de votre flux en dessinant des gouttes : 1 pour léger, 2 pour moyen et 3 pour important. Vous apprenez ainsi à mieux connaître votre cycle et la manière dont il vous affecte. Le calendrier lunaire vous permet de vous sentir en harmonie avec le monde !

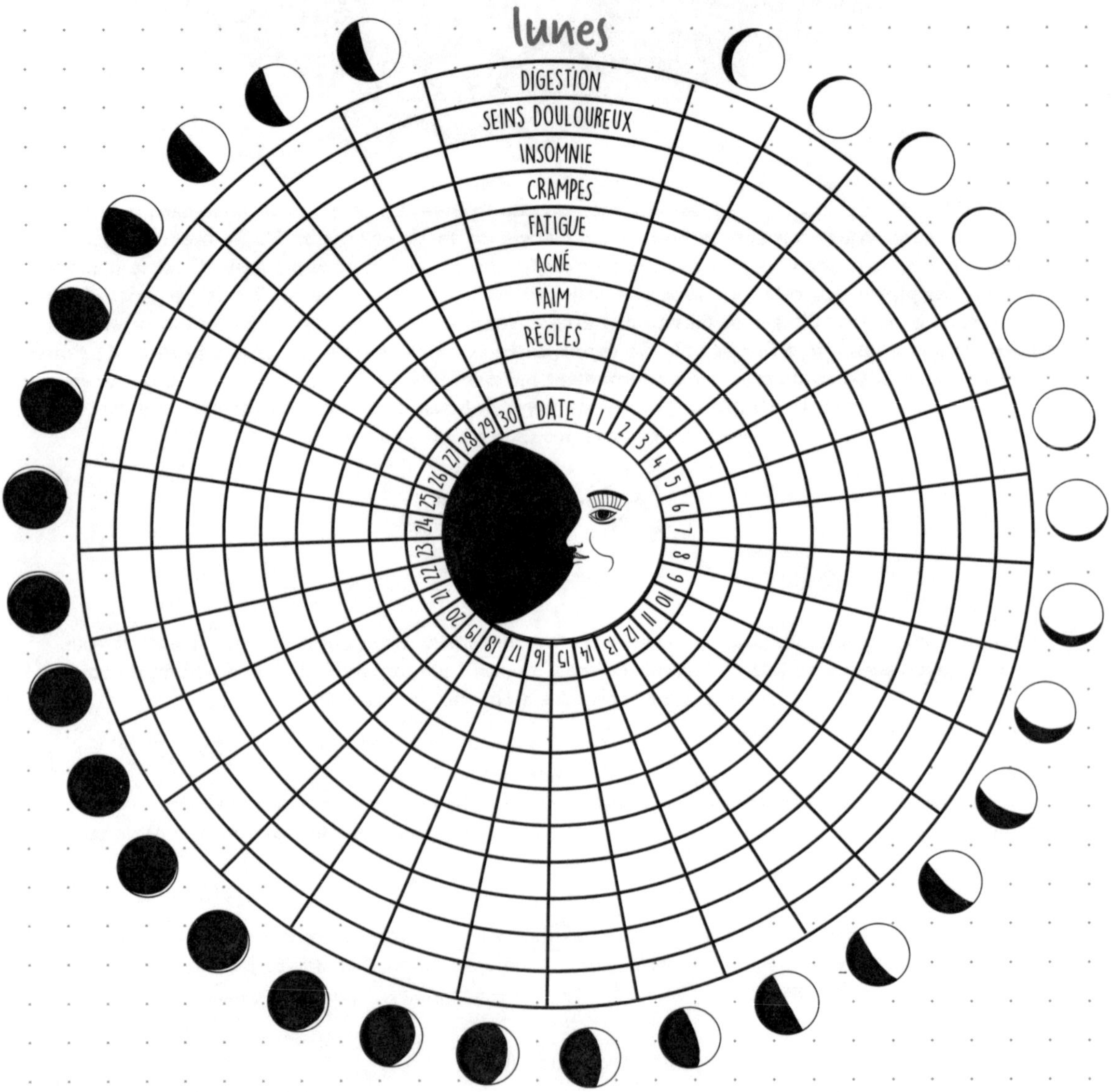

MON MANDALA MOOD DE juin

Le cerf symbolise la douceur, la capacité de traverser la vie et les obstacles avec grâce, la sensibilité, l'innocence, le pouvoir d'aimer les autres tels qu'ils sont. Il sera un bon guide ce mois-ci pour vous aider à vous connecter aux autres femmes.

- Calme
- Heureuse
- Énergique, en forme
- Irritable, sujette aux sautes d'humeur
- Énervée
- Perdue, confuse
- Anxieuse
- Déprimée

Semaine 23

DU 1ER AU 7 JUIN

Ma pensée de la semaine

Entre femmes, nous partageons la même essence féminine, qui nous donne envie de partager et de chérir des amitiés. Plus vous cultivez cette connexion féminine, plus vous vous rapprochez de votre féminité sacrée. Votre mantra ? « Je me connecte sainement aux autres femmes, pleinement et généreusement, qu'il s'agisse de mes amies, de ma mère ou d'inconnues. »

LUNDI 1er	MARDI 2	MERCREDI 3	JEUDI 4
Lundi de Pentecôte			

SHINE

Cocooning mère-fille

Connectez-vous à votre mère de femme à femme (et non de mère à fille !) dans un moment cocooning pour la fête des Mères. Au menu : un bain de pieds (eau chaude et sel d'Epsom), puis massez les pieds de votre mère pour vous rapprocher d'elle. Le massage des pieds est un rituel d'humilité qui vous place en thérapeute aimante. Un peu d'huile et lancez-vous ! Buvez une tisane d'hibiscus et de rose et posez-lui des questions sur elle.

La lune rose du 5 juin

Cette pleine lune apporte l'énergie de l'amour, de l'union et du succès. Manifestez vos besoins de cœur (avec votre moitié ou vos amis) ou travaillez sur le succès d'un projet professionnel.

TRACKERS

Méditation sur le cœur ○○○○○○○

Sorties entre amies ○○○○○○○

Repas frais & léger ○○○○○○○

FEEL

Je reconnais mon insécurité

Le sentiment d'insécurité est souvent le noyau des pensées négatives. Si vous ne vous sentez pas bien avec vous-même, vous pouvez critiquer les autres, spécialement les femmes qui ont peut-être des choses que vous voudriez avoir. Cette semaine, votre objectif est d'améliorer votre estime de vous et votre amour-propre. Rappelez-vous que nous ressentons toutes l'insécurité. Ouvrez votre cœur pour vous sentir moins seule.

EAT

Smoothie pastèque, citron vert et cardamome

La pastèque rafraîchit les tissus irrités par la chaleur et diminue la rétention d'eau, la cardamome stimule la digestion. Épépinez et coupez 1 belle tranche de pastèque en petits morceaux. Mixez-la avec un peu de jus de citron vert et 2 pincées de cardamome. Versez dans un verre, décorez avec un morceau de citron vert et savourez.

VENDREDI 5

SAMEDI 6

DIMANCHE 7

To do list

L	M	M	J	V	S	D
1	2	3	4	5	6	7
8	9	10	11	12	13	14
15	16	17	18	19	20	21
22	23	24	25	26	27	28
29	30	31				

Notes

GROW

Méditation pour ouvrir mon cœur

Pour ouvrir votre cœur aux femmes, pratiquez cette puissante méditation kundalini avec le mantra « Sat Kar Tar » (« pratiquant de la vérité »), qui augmente le flux d'énergie du cœur. Asseyez-vous, colonne droite et menton légèrement baissé. Fermez les yeux et concentrez-vous sur le point au milieu de vos sourcils. Chantez « SAT », vos mains en prière sur votre poitrine. Dites « KAR », vos bras s'ouvrent latéralement au niveau de vos épaules, paumes vers l'avant, puis « TAAR », vos bras s'étendent complètement sur les côtés, parallèles au sol, doigts pointés vers le haut. Pratiquez 10 min.

Semaine 24

DU 8 AU 14 JUIN

Ma pensée de la semaine

Livrez-vous à cœur ouvert aux autres femmes, confiante et sûre, et profitez des amitiés et relations sincères et aidantes, où vous pouvez vous confier, écouter et faire confiance. Votre mantra : « Les autres femmes sont des sœurs pour moi. »

LUNDI 8	MARDI 9	MERCREDI 10	JEUDI 11

FEEL

Je développe la sororité

Nourrisseuses et empathiques, les femmes savent naturellement comment se soutenir. Être en connexion avec d'autres femmes est à la fois réparateur et solidaire. Vous vous découvrez, dévoilez vos secrets et vulnérabilités, et vous vous encouragez. Vos amies améliorent votre bien-être physique et psychologique. Cette semaine, développez vos amitiés féminines. Objectif : minimum 3 rendez-vous avec une amie. Cela peut être simplement un café pour discuter, mais discuter vraiment, pas gossiper !

Notes

SHINE

Mon beurre écran solaire

Faites fondre au bain-marie 30 g d'huile d'olive, 30 g d'huile de coco, 40 g d'huile de karité et 5 g de cire d'abeille ou de candelilla. Attention, l'huile ne doit pas bouillir ! Retirez du feu et ajoutez l'oxyde de zinc (ne pas inhaler !). Fouettez pour obtenir une crème. Ajoutez 10 gouttes d'HE de lavande vraie (cicatrisante et antalgique) et 10 gouttes de vitamine E liquide (antioxydante et anti-âge). Versez dans un flacon stérilisé de 10 cl et placez au frigo.

EAT

Vermicelles de concombre au tofu, sauce tahini

Épluchez ½ concombre et taillez-le en vermicelles à la mandoline. Faites griller à sec 2 c. à s. de graines de sésame 2-3 min. Mixez 1 c. à c. de tahini, 2 c. à c. de sauce soja, du gingembre frais, 1 gousse d'ail et 1 c. à s. d'huile de sésame grillé, pour obtenir une sauce lisse. Poêlez 100 g de tofu en cubes avec 1 c. à s. d'huile de sésame grillé. Mélangez les nouilles de concombre, la sauce et le tofu et saupoudrez de sésame.

VENDREDI **12**

SAMEDI **13**

DIMANCHE **14**

To do list

L	M	M	J	V	S	D
1	2	3	4	5	6	7
8	**9**	**10**	**11**	**12**	**13**	**14**
15	16	17	18	19	20	21
22	23	24	25	26	27	28
29	30					

GROW

Mon rituel d'amitié

Avec des amies, encerclez une table avec une ficelle. Au centre, placez des pierres de lune (pierres de la féminité) dans un bol. Asseyez-vous et allumez chacune une bougie. Prenez-vous les mains et lisez ce poème ensemble : « Nous sommes réunies en amitié, filles de Gaïa, aussi individuelles et belles que les couleurs de l'arc-en-ciel. Pourtant nous sommes une. Que cette pierre de lune nous rappelle que nous sommes des sœurs et bénisse notre amitié. » Prenez chacune une pierre comme symbole de l'amitié, puis partagez une tisane de sauge (plante féminine sacrée et purificatrice).

TRACKERS

Méditation sur le cœur ○○○○○○○

Sorties entre amies ○○○○○○○

Repas frais & léger ○○○○○○○

Semaine 25

DU 15 AU 21 JUIN

Ma pensée de la semaine

Les amitiés s'entretiennent et se nourrissent de moments complices. Votre mantra cette semaine? «J'apprends à planifier aussi ce temps précieux avec mes amies.» Rappelez-vous à quel point ce lien est vital pour vous.

LUNDI 15

MARDI 16

MERCREDI 17

JEUDI 18

GROW

Couronne de l'amitié pour le solstice d'été

Cueillez des fleurs colorées à tiges minces. Faites un petit trou sur la tige de la 1re fleur, aux deux tiers de sa hauteur. Insérez la tige de la 2e fleur, puis créez un petit trou sur la 2e tige pour la prochaine fleur. Continuez ainsi. Pour finir, créez un trou plus grand dans la dernière tige pour passer la 1re fleur. Donnez la couronne à votre amie avec tout votre amour et recevez la vôtre pour conclure ce rituel d'amitié.

La nouvelle lune du 21 juin

Au solstice d'été, le soleil atteint son zénith dans le ciel. C'est le jour le plus long de l'année! Célébrez entre femmes le plaisir de vivre.

TRACKERS

Méditation sur le cœur ○○○○○○○

Sorties entre amies ○○○○○○○

Repas frais & léger ○○○○○○○

EAT

Mon houmous à partager entre copines

Faites une infusion bien forte de menthe et laissez refroidir. Mixez 400 g de petits pois cuits, 20 feuilles de menthe, 1 c. à c. de sel rose, du poivre, 2 c. à s. d'huile de coco, 10 cl de crème de coco et ajoutez un peu d'infusion pour obtenir la consistance souhaitée. Saupoudrez de sésame et savourez avec des bâtonnets de carotte et concombre.

SHINE

Hammam entre amies

Faites-vous ensemble un gommage au savon noir et un soin nourrissant : mélangez 5 cl d'huile d'argan (tonifiante, assouplissante, nourrissante, réparatrice et protectrice cutanée), avec 8 gouttes d'HE de bergamote (raffermissante) et 6 gouttes d'HE de petit grain bigarade (hydratante). Utilisez quelques gouttes en friction après le hammam.

VENDREDI 19

SAMEDI 20

DIMANCHE 21

To do list

L	M	M	J	V	S	D
1	2	3	4	5	6	7
8	9	10	11	12	13	14
15	16	17	18	19	20	21
22	23	24	25	26	27	28
29	30					

Notes

FEEL

Acroyoga entre amies

Yoga, acrobatie et thérapie, l'acroyoga développe confiance et communication. Il faut être 3 : la base, le flyer (qui « vole ») et le spotter (qui garantit la sécurité). Testez avec une posture facile : l'oiseau. La base est allongée sur le dos, bras tendus vers le ciel, jambes repliées au sol, le flyer est devant et le spotter sur le côté, mains de part et d'autre du flyer. La base pose ses pieds sur les hanches du flyer, plie légèrement ses jambes pour recevoir le poids du flyer (droit comme une planche !). Puis, quand la base se sent prête, elle fléchit les jambes et les étire à la verticale, connectant ses mains avec celles du flyer.

Semaine 26

DU 22 AU 28 JUIN

Ma pensée de la semaine

L'écoute est l'ingrédient le plus important pour construire des amitiés solides et saines. Car quand on est écouté, on se sent valorisé dans ce que l'on est et ce que l'on ressent, accompagné et aidé. Plus qu'entendre seulement, écouter est essayer de comprendre ce que l'autre dit. Votre mantra? « J'écoute mes amies, je recueille leurs confidences avec respect et attention pour les en libérer. »

LUNDI 22

MARDI 23

MERCREDI 24

JEUDI 25

EAT

Top food pour le chakra du cœur

Anahata, le chakra du cœur, est le 4e. Il est votre centre d'amour et de compassion. Sa couleur est verte, tout ce qui est vert est donc bon pour lui : légumes verts à feuilles, haricots verts, concombre, chou frisé/vert/bok choy/ kale, laitue, épinards et brocoli ; fruits verts comme le citron vert, l'avocat, la pomme verte, le kiwi ou le raisin vert ; super aliments comme la spiruline, la chlorelle, le matcha, le thé vert ou le jus d'herbes, les aromates. Mangez-les en conscience, ils ouvrent votre cœur.

Notes

GROW

Mon yoga pour développer mon écoute

Le yoga est un art de l'écoute, du corps (points de tension, douleurs ou plaisirs) et du mental. Pratiquez cette séquence pour ouvrir votre chakra du cœur : 5 salutations au soleil, le guerrier I bras étirés à l'arrière, la fente basse avec ouverture du torse, le cobra, le chameau, le pont, la pince et le papillon allongé. Prenez 7 à 10 respirations pour chaque pose.

SHINE

Mon huile spéciale coup de soleil

Dans un flacon de 10 ml, mélangez 2 ml d'HE de lavande aspic (antalgique, cicatrisante), 4 ml d'huile végétale de millepertuis (calmante et réparatrice pour la peau) et 4 ml d'huile de calendula (régénératrice et apaisante pour la peau, assouplissante). Appliquez quelques gouttes localement, 4 à 5 fois par jour le 1er jour, puis 2 à 3 fois les 2 jours suivants.

VENDREDI 26

SAMEDI 27

DIMANCHE 28

To do list

L	M	M	J	V	S	D
1	2	3	4	5	6	7
8	9	10	11	12	13	14
15	16	17	18	19	20	21
22	23	24	25	26	27	28
29	30					

FEEL

J'apprends à écouter pleinement

La véritable écoute, empathique et engagée, est difficile et ne peut être simulée. Cette semaine, pratiquez : concentrez-vous sur votre amie qui vous parle. Soyez présente body & mind. Regardez-la dans les yeux en tournant toute votre attention vers elle. Et sans l'interrompre pour poser des questions ! Ne jugez pas, ne cherchez pas à donner votre avis ou vos conseils. Écoutez seulement, en acquiesçant et parfois en répétant ou reformulant, mais sans trop intervenir. C'est ce qui lui fera le plus de bien. Vous pouvez la toucher si vous voulez la soutenir, mais sans l'accaparer afin de lui laisser l'espace nécessaire pour s'exprimer.

TRACKERS

- Méditation sur le coeur ○○○○○○○
- Sorties entre amies ○○○○○○○
- Repas frais & léger ○○○○○○○

Semaine 27

DU 29 JUIN AU 5 JUILLET

Ma pensée de la semaine

L'amitié, c'est un échange constant entre donner et recevoir. Partagez complètement entre sœurs, en totale empathie : soyez le meilleur soutien de vos amies (en actes comme en paroles). Votre mantra? «Je me réjouis des accomplissements de mes amies comme si c'étaient les miens.»

LUNDI 29

MARDI 30

MERCREDI 1er

JEUDI 2

GROW

Ma méditation sur l'amitié

Fermez les yeux et respirez calmement, assise, le dos droit. Réfléchissez à ce qu'est l'amitié pour vous. La vraie amitié ne se réduit pas à une relation mutuellement bénéfique. C'est une pensée commune. Quelque chose de spécial, magique, que vous ne pouvez pas classer. Souriez. L'amitié est quelque chose qui se célèbre! Pensez à vos amis, à chacun et chacune d'entre eux, à ce qu'ils représentent pour vous. Sentez votre cœur se remplir de joie en songeant à eux.

Notes

EAT

Salade de quinoa et fenouil, pamplemousse et menthe

Faites cuire 70 g de quinoa. Pelez et coupez ½ pamplemousse en morceaux. Hachez de la menthe, coupez ½ pomme et 45 g de fenouil en dés. Mélangez tous ces ingrédients dans un grand bol. Vinaigrette : le jus d'½ citron, gingembre râpé et 3 c. à s. d'huile d'olive.

FEEL

Je booste mon empathie

Votre amie a eu une opportunité comme vous en recherchiez ? Vous êtes contente pour elle, mais ressentez une petite pointe de jalousie… D'abord, reconnaissez que son succès n'est pas votre échec, cela ne remet pas en question votre valeur. Puis apprenez de son expérience. C'est le meilleur moyen pour évoluer. Enfin, prenez conscience que le succès de vos amies est votre succès. Vous êtes la même *tribe*, non ?

VENDREDI 3

SAMEDI 4

DIMANCHE 5

To do list

L	M	M	J	V	S	D
1	2	3	4	5	6	7
8	9	10	11	12	13	14
15	16	17	18	19	20	21
22	23	24	25	26	27	28
29	30					

SHINE

Gommage visage avoine et miel

Un gommage pour vous débarrasser des cellules mortes et nourrir votre peau agressée par le soleil. Mixez 1 c. à s. de flocons d'avoine en poudre très fine, mélangez avec ½ yaourt nature bio, 1 c. à c. de miel de fleurs et 2 gouttes d'HE de géranium (antirides, ravive le teint et cicatrise). Massez votre visage en douceur avec ce mélange, en insistant sur le nez, le front et le menton. Rincez à l'eau tiède, en finissant par de l'eau froide pour vous donner bonne mine, puis hydratez votre peau avec une huile douce (amande, argan) ou une crème.

TRACKERS

Méditation sur le coeur ○○○○○○○

Sorties entre amies ○○○○○○○

Repas frais & léger ○○○○○○○

Mon journal féminin

Comment je me suis sentie dans mon corps ce mois-ci ?

Comment j'ai vécu mes émotions ce mois-ci ?

Comment ai-je vécu mon cycle ce mois-ci ?

Me suis-je sentie connectée à mon féminin sacré ?

Qu'est-ce qui a bien fonctionné ce mois-ci ?

Qu'est-ce que je dois abandonner le mois prochain pour grandir dans mon féminin ?

Notes

Juillet

J'INVITE LA JOIE DANS MA VIE

Le mois de juillet est celui de la fête avec le 14 Juillet, les barbecues, les pique-niques, l'exaltation des vacances d'été et l'excitation des voyages. C'est aussi une période de détente pour profiter des journées caniculaires et sèches. C'est le moment de lâcher prise, mais aussi de vous amuser. Retrouvez votre âme d'enfant ! Ça tombe bien, le chiffre 7 du mois de juillet symbolise la chance, le hasard, et donc le jeu. L'objectif du mois ? Vous amuser un max et être joyeuse, en faisant des expériences fun, en testant des choses… *Enjoy* !

EAT

Redécouvrez les saveurs et plaisirs de l'enfance ! Des recettes ludiques avec un guacamole avocat-petits pois et des sushis de légumes revisités, ainsi qu'une boisson électrolytes maison pour l'été.

SHINE

Reconnectez avec votre beauté naturelle sans artifice. Le petit plus ? Se mettre dans l'énergie fun du mois grâce à des soins gourmands qui rappellent l'enfance !

FEEL

Ce mois-ci, cultivez toutes les émotions de joie, d'enthousiasme, d'insouciance avec le yoga du rire, la méditation sur la joie et la pratique du souffle de la joie. On lâche prise et on prend un maximum de plaisir !

GROW

La meilleure façon de redécouvrir la joie dans votre quotidien est de retrouver votre enfant intérieur, la facette joueuse et spontanée de vous qui aime par-dessus tout s'amuser, mais aussi de pratiquer la méditation et le yoga, pour développer votre joie.

MA ROUE DES LUNES DE juillet

Dans votre roue des lunes, suivez ce qu'il se passe dans votre corps (notamment vos règles) en coloriant les dates des symptômes. À vous de choisir votre couleur ! Vous pouvez aussi signifier l'intensité de votre flux en dessinant des gouttes : 1 pour léger, 2 pour moyen et 3 pour important. Vous apprenez ainsi à mieux connaître votre cycle et la manière dont il vous affecte. Le calendrier lunaire vous permet de vous sentir en harmonie avec le monde !

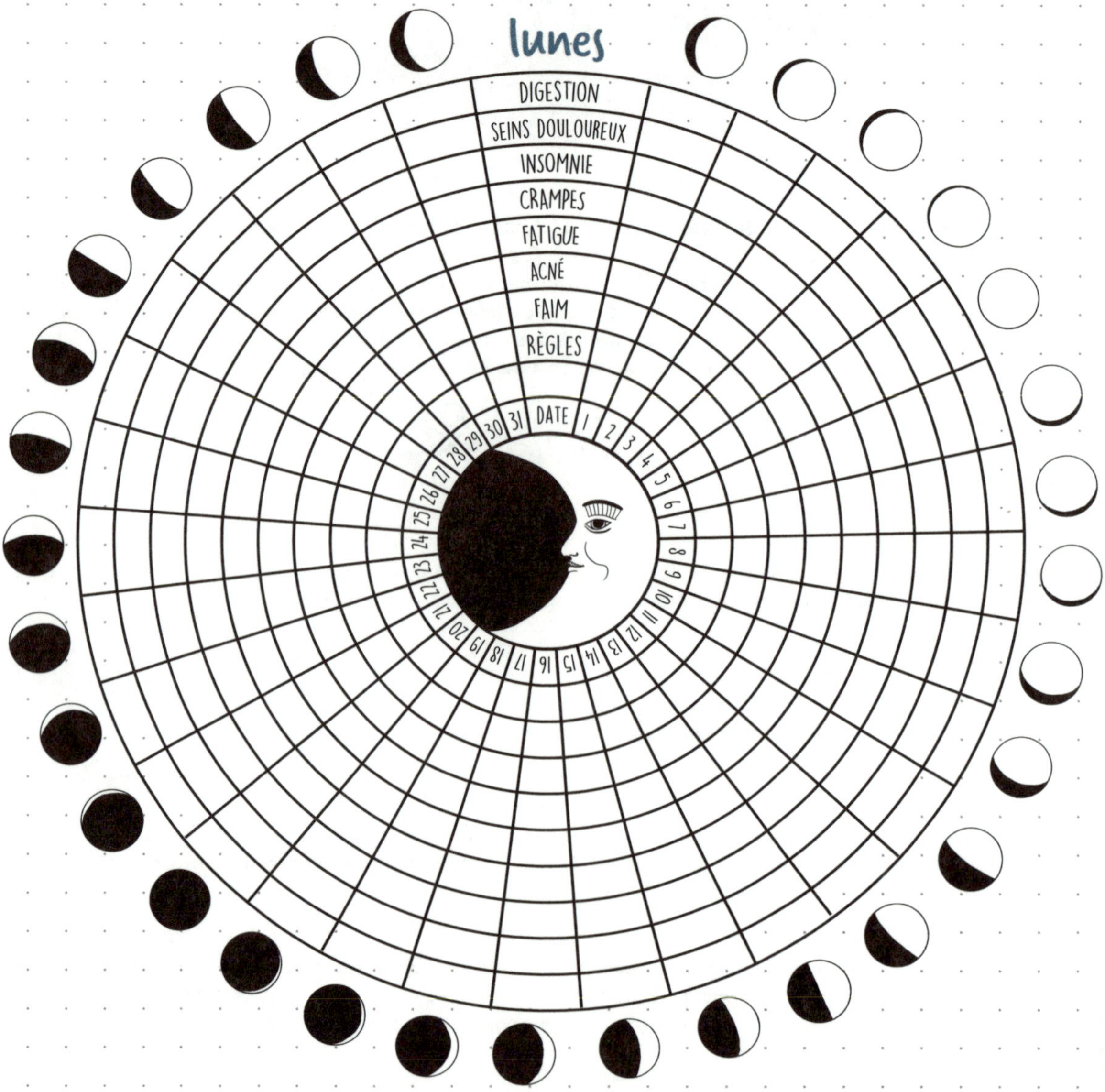

MON MANDALA MOOD DE juillet

La loutre symbolise la joie et l'amusement de l'enfance, ainsi que la féminité. Ce sont des qualités parfaites pour vous accompagner durant ce mois estival dans votre recherche de joie, en tant que femme et aussi avec les autres femmes.

- Calme
- Heureuse
- Énergique, en forme
- Irritable, sujette aux sautes d'humeur
- Énervée
- Perdue, confuse
- Anxieuse
- Déprimée

Semaine 28

DU 6 AU 12 JUILLET

Ma pensée de la semaine

Les enfants écoutent leurs émotions, disent ce qu'ils pensent, sont curieux du monde, actifs et courageux, rient souvent et jouent tout le temps. Vous reconnecter à votre enfant intérieur est la première étape pour réinviter la joie dans votre vie. Votre mantra : «Je m'amuse de tout ce que je fais.»

LUNDI 6

MARDI 7

MERCREDI 8

JEUDI 9

SHINE

Je reste naturelle

Enfant, vous étiez déjà parfaite. Vous aimiez vous regarder dans le miroir et vous vous trouviez jolie. Vous n'aviez pas besoin de vous maquiller ou de ces dessous spéciaux pour vous trouver belle. C'est bien de prendre soin de soi, mais au final vous n'avez pas besoin de cela. Votre défi cette semaine? No make-up! Exfoliez votre peau pour enlever les peaux mortes, hydratez votre visage et votre corps avec des masques et des huiles. La joie vous rend magnifique!

La lune des prairies du 5 juillet

Cette pleine lune annonce les récoltes, au sens propre et figuré. Cette période pleine de joie vous rappelle que votre enfant intérieur est toujours en vous.

TRACKERS

Fun & joie ○○○○○○○

Moment cocooning ○○○○○○○

Repas léger ○○○○○○○

FEEL

Je trouve mon enfant intérieur

Votre enfant intérieur est votre facette joueuse, cette partie de vous qui sait que vous avez une grandeur d'âme. Regardez-vous dans les yeux dans le miroir et parlez à votre enfant intérieur. Exprimez librement vos émotions et vos pensées. Soyez spontanée. Enfin, honorez votre enfant intérieur : aimez-le, écoutez-le et respectez-le. Prévoyez du temps pour vous amuser (yoga, coloriage, danse).

EAT

Mes saveurs d'enfance

Quels étaient vos plats préférés quand vous étiez petite ? La purée de pommes de terre, les gâteaux de grand-mère, le sirop de citron… Tant de saveurs de votre enfance et tant de souvenirs ! Choisissez un plat régressif, appelez votre mère pour obtenir la recette de son cake aux olives ou de son clafoutis aux cerises que vous aimiez tant. Cette semaine, redonnez vie à ces souvenirs.

VENDREDI 10

SAMEDI 11

DIMANCHE 12

To do list

L	M	M	J	V	S	D
		1	2	3	4	5
6	7	8	9	10	11	12
13	14	15	16	17	18	19
20	21	22	23	24	25	26
27	28	29	30	31		

Notes

GROW

Je guéris mon enfant intérieur

Quel type d'enfant étiez-vous ? Joueuse, libre, indépendante, affectueuse, apeurée, en colère ? Écrivez une lettre à votre enfant intérieur pour le rassurer et renforcer votre amitié. Que lui dire ? « Je t'entends et je suis avec toi pour avancer », car souvent les blessures d'enfance n'ont pas été guéries et restent en vous sous forme de sentiments réprimés. « Tu es parfaite et tu mérites d'être aimée », car votre enfant intérieur est innocent et pur. Enfin, dites-lui merci pour vous avoir permis de grandir et de devenir vous.

Semaine 29

DU 13 AU 19 JUILLET

Ma pensée de la semaine

La joie vient naturellement quand vous vous amusez. S'amuser, ça veut dire lâcher prise, se relaxer et éprouver du plaisir dans une activité. Cette semaine, faites de chaque instant un moment qui vous éclate! Votre mantra : «Je décide de me donner du temps pour m'amuser.»

LUNDI 13

MARDI 14

Fête nationale

MERCREDI 15

JEUDI 16

SHINE

Masque jouvence régressif à la fraise

Ce masque coup d'éclat à base de fraises est une véritable gourmandise qui va vous redonner une peau de bébé. Mixez quelques fraises bien mûres avec 1 c. à c. de miel bio. Appliquez sur votre visage et votre cou. Laissez agir 15 min, puis réalisez des mouvements circulaires pour exfolier votre peau. Le bonus : la fraise est riche en antioxydants et vitamine C, et a une action anti-âge. Rincez à l'eau tiède, puis appliquez une huile ou crème hydratante.

Notes

EAT

Guacamole avocat-petits pois

Les petits pois font partie des légumineuses les plus faciles à digérer. Source idéale de fibres et de protéines, ils sont riches en antioxydants et en nutriments anti-inflammatoires. Dans un robot, mixez jusqu'à consistance lisse 250 g de petits pois cuits, la chair d'1 gros avocat, 60 g d'oignon, 2 c. à c. de cumin, du sel, le jus d'½ citron vert. Dégustez avec des légumes crus ou des crackers.

FEEL

J'apprends à m'amuser

Jouer décuple la joie de vivre. Votre top 7 : 1. Jouer avec des enfants, votre chat ou votre chien ; 2. Danser ! 3. Rire (et même de soi) ; 4. Faire une bataille de chatouilles ; 5. Organiser des soirées jeux ; 6. Organiser une soirée déguisée ; 7. Faire une activité (écriture, dessin…) en vous laissant totalement absorber. Votre objectif : amener le jeu dans votre quotidien, même dans vos activités normales en ne vous prenant pas trop au sérieux et en pratiquant l'autodérision.

VENDREDI 17

SAMEDI 18

DIMANCHE 19

To do list

L	M	M	J	V	S	D
		1	2	3	4	5
6	7	8	9	10	11	12
13	14	15	16	17	18	19
20	21	22	23	24	25	26
27	28	29	30	31		

GROW

Yoga du rire

Le rire atténue le stress, physique, mental et émotionnel. C'est pourquoi le Dr Madan Kataria, de Mumbai, a créé le yoga du rire. Quand vous riez, votre chimie et votre physiologie changent : votre corps relâche de l'endorphine qui élève votre humeur, vous rend euphorique et agit en analgésique, et de la dopamine, qui vous apporte joie et euphorie. Essayez à la maison avec la position du lion. Agenouillez-vous, le dos droit, les bras tendus, mains sur vos genoux. Puis tirez la langue au maximum en faisant « Aaaa », les yeux grands ouverts, les mains en l'air avec les doigts écartés comme des griffes, et riez par le ventre.

TRACKERS

Fun & joie ○○○○○○○

Moment cocooning ○○○○○○○

Repas léger ○○○○○○○

Semaine 30

DU 20 AU 26 JUILLET

Ma pensée de la semaine

Cette semaine, sortez de votre si douce zone de confort pour improviser, tester des choses et vivre de nouvelles expériences. Cela peut prendre n'importe quelle forme, alors soyez imaginative ! L'objectif : introduire toujours plus de fun dans votre vie ! Votre mantra ? «Je teste tout ce dont je suis curieuse.»

LUNDI 20

MARDI 21

MERCREDI 22

JEUDI 23

GROW

Méditation de la joie

Asseyez-vous, la colonne droite. Relâchez-vous davantage à chaque respiration, puis convoquez le souvenir d'un moment heureux, plein de joie et d'énergie. Observez les images et sensations qui vous reviennent. Prêtez attention à ce que vous avez ressenti, le plaisir, la joie, et savourez cette belle sensation. Puis, doucement, abandonnez les images pour garder uniquement la sensation. Restez dans cet état de joie. Lorsque vous êtes prête, revenez à vous en gardant avec vous ce sentiment pour la journée.

La nouvelle lune du 20 juillet

Elle vous invite à booster votre joie de vivre. Faites la liste de tout ce qui vous rend heureuse et prenez 5 min pour méditer en respirant profondément. C'est votre to-do list pour le mois à venir !

TRACKERS

Fun & joie ○○○○○○○

Moment cocooning ○○○○○○○

Repas léger ○○○○○○○

SHINE

Soin jeunesse pour les pieds

Remplissez une bassine d'eau tiède avec beaucoup de gros sel (l'eau doit être saturée). Baignez vos pieds 15 min. Faites un gommage avec une pierre ponce ou simplement le gros sel. Rincez vos pieds à l'eau claire, séchez-les, massez-les avec de l'huile d'amande et quelques gouttes d'HE de lavande. Insistez sur les zones sèches et calleuses. Voilà des pieds de bébé tout doux !

FEEL

Adventure is calling !

Faites de chaque jour une aventure en apportant de la nouveauté. Cela vous rend vivante, vous rappelle que tout peut arriver et cultive votre curiosité. Testez des activités fun. Soyez curieuse, c'est l'essentiel ! Faites la liste de ce que vous aimeriez tester ou apprendre, et passez à l'action.

VENDREDI 24

SAMEDI 25

DIMANCHE 26

To do list

L	M	M	J	V	S	D
		1	2	3	4	5
6	7	8	9	10	11	12
13	14	15	16	17	18	19
20	21	22	23	24	25	26
27	28	29	30	31		

Notes

EAT

Ma boisson réhydratante maison

Une boisson électrolytes (chargée en minéraux) bien connue pour la récup' sportive et très utile en été pour réhydrater le corps. Préparez une tisane de feuilles de framboisier (2 c. à s. dans 1 l d'eau) et laissez refroidir. Ajoutez 1/8 de c. à c. de sel rose et 1 c. à c. de poudre de calcium et magnésium (optionnel), 1 c. à s. de miel ou de sirop d'agave, 20 cl de jus (orange, pomme, raisin…), des feuilles de menthe ou des morceaux de concombre. Agitez bien. Conservez au frais 4 jours.

Semaine 31

DU 27 JUILLET AU 2 AOÛT

Ma pensée de la semaine

Entre le stress du quotidien et tout ce qu'il se passe dans le monde, il est difficile de générer des sentiments de pur bonheur. Il existe cependant des moyens de ramener la joie dans votre quotidien. Cette semaine, redécouvrez ce qui vous rend heureuse! Votre mantra : «Je me focalise sur les moments de joie dans mon quotidien.»

LUNDI 27

MARDI 28

MERCREDI 29

JEUDI 30

GROW

Souffle de la joie

Faites le plein de vitalité avec cette respiration kundalini (un yoga de l'énergie). Debout, pieds largeur des épaules, genoux pliés, inspirez un tiers de votre capacité pulmonaire et placez vos bras devant au niveau des épaules, paumes vers le haut. Continuez à inhaler aux deux tiers et ouvrez les bras sur les côtés. Inspirez à pleine capacité et placez vos bras au-dessus de votre tête, paumes face à face. Expirez complètement, d'un coup, par la bouche dans un «ha» audible, en pliant les genoux et en balançant vos bras vers l'arrière. Répétez 9 fois, puis restez debout, yeux fermés et ressentez les effets.

Notes

SHINE

Soin jeunesse contour des yeux

Dans un récipient en inox, versez 1,5 ml d'huile de figue de Barbarie, 1,5 ml d'huile de rose musquée, 4,5 ml d'huile d'avocat et 7,4 ml de macérat huileux de calendula. Ajoutez 1 goutte de vitamine E et mélangez bien avec un petit fouet en inox. Transférez dans un flacon de 15 ml. Appliquez soir et/ou matin, en vous massant le contour des yeux.

FEEL

Je fais une liste de petits bonheurs

Sur une feuille, dessinez au centre un cercle (soleil), d'où partent des rayons assez espacés et allant jusqu'au bord de la feuille. Inscrivez dans le cercle central « Mes petits bonheurs », et sur les rayons toutes les choses qui vous apportent du bonheur dans la vie (regarder les oiseaux, écouter le ronronnement de votre chat, manger une glace…). Cela crée un mode de pensée positif et centré sur le bonheur.

VENDREDI 31

SAMEDI 1er

DIMANCHE 2

To do list

L	M	M	J	V	S	D
		1	2	3	4	5
6	7	8	9	10	11	12
13	14	15	16	17	18	19
20	21	22	23	24	25	26
27	28	29	30	31		

EAT

Makis aux légumes et à l'avocat

La nori est remplacée par des feuilles de chou vert pour plus de fraîcheur. Lavez 2 grandes feuilles de chou vert et retirez la tige. Rincez 100 g de riz à sushis jusqu'à ce que l'eau soit claire, et faites cuire à feu moyen dans 2 fois le volume d'eau. Coupez 1 courgette et 1 carotte en julienne, 1 avocat en lamelles. Sur les 2 feuilles de chou, déposez le riz, les légumes, puis l'avocat et un filet de citron vert et de sauce soja. Roulez en serrant. Coupez en makis et dégustez.

TRACKERS

Fun & joie ○○○○○○○

Moment cocooning ○○○○○○○

Repas léger ○○○○○○○

Mon journal féminin

Comment je me suis sentie dans mon corps ce mois-ci ?

Comment j'ai vécu mes émotions ce mois-ci ?

Comment ai-je vécu mon cycle ce mois-ci ?

Me suis-je sentie connectée à mon féminin sacré ?

Qu'est-ce qui a bien fonctionné ce mois-ci ?

Qu'est-ce que je dois abandonner le mois prochain pour grandir dans mon féminin ?

Notes

Août

JE ME CONNECTE À LA NATURE

Août est le mois de célébration de la nature. Le 1er août, il s'ouvre par Lugnasad dans la tradition celtique et ésotérique, qui marque les premières moissons. C'est un sabbat festif qui célèbre l'abondance et le partage. Une invitation à vous reconnecter profondément à la nature, une part innée de votre énergie féminine. C'est le moment idéal pour rester dans la nature, adopter son rythme slow et contempler. Inspirez-vous de la douceur de la nature et prenez le temps de ralentir. Cela vous apportera de l'équilibre après la chaleur et l'excitation de l'été. Connectez-vous profondément aux éléments (eau, terre, air, feu) pour vous sentir en osmose avec l'environnement et en harmonie !

EAT

Août est le moment de la récolte, un moment en suspens, juste avant le changement de septembre. Physiquement, votre peau est sèche (vous avez emmagasiné beaucoup de chaleur en juillet) et votre corps se prépare à l'automne à venir, en commençant à stocker pour l'hiver. Profitez de recettes inspirées de la saison pour rester connectée à la nature, des recettes hydratantes pour soigner votre corps et équilibrantes.

SHINE

Août tend à sécher la peau, les cheveux et à ralentir la circulation (du fait de la température). Découvrez des soins gourmands pour passer un mois d'août au top de votre forme !

FEEL

Mentalement, vous vous sentez à la fois posée et dispersée. Normal, en cette dernière période de l'été. C'est un temps en suspension. C'est le moment de lâcher prise, de vous mettre en retrait dans la nature, de goûter son calme, sa lenteur et sa stabilité. Cultivez votre sagesse !

GROW

Communiez avec la nature, avec de la méditation, des bains de forêt, de la lithothérapie et découvrez la puissance des intentions.

MA ROUE DES LUNES D'août

Dans votre roue des lunes, suivez ce qu'il se passe dans votre corps (notamment vos règles) en coloriant les dates des symptômes. À vous de choisir votre couleur ! Vous pouvez aussi signifier l'intensité de votre flux en dessinant des gouttes : 1 pour léger, 2 pour moyen et 3 pour important. Vous apprenez ainsi à mieux connaître votre cycle et la manière dont il vous affecte. Le calendrier lunaire vous permet de vous sentir en harmonie avec le monde !

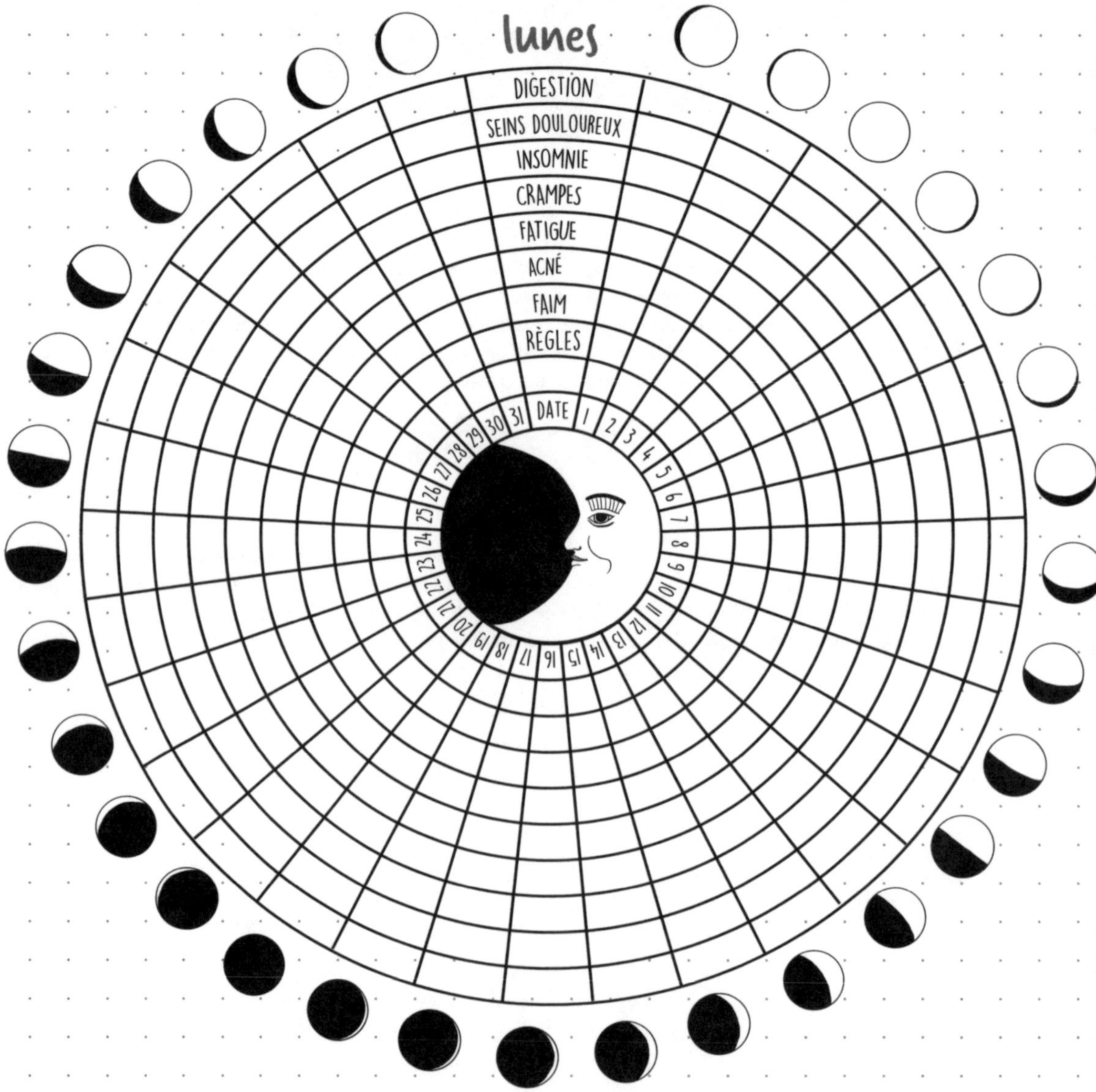

MON MANDALA MOOD D'août

La sagesse totémique de la tortue nous apprend à marcher sur notre chemin avec paix et patience. La tortue symbolise l'enracinement, la connexion à la Terre mère, le ralentissement, la persistance et la sagesse ancestrale. C'est un allié de choix pour vous aider à vous connecter à la nature durant ce mois.

Calme
Heureuse
Énergique, en forme
Irritable, sujette aux sautes d'humeur
Énervée
Perdue, confuse
Anxieuse
Déprimée

Semaine 32

DU 3 AU 9 AOÛT

Ma pensée de la semaine

La nature est lente, méthodique et prend plaisir dans tous ses états et transitions. Inspirez-vous d'elle pour apprécier la lenteur et observer votre vie, comme en retrait. Votre mantra de la semaine : «Je me sens douce, calme et lente comme un arbre.»

LUNDI 3

MARDI 4

MERCREDI 5

JEUDI 6

FEEL

Bain de nature calme

Un matin d'été, marchez pieds nus, puis allongez-vous dans l'herbe fraîche. Fermez les yeux et prenez conscience des sons qui vous entourent. Après environ 15 min, votre respiration ralentit et vous commencez à vous sentir paisible. Vous avez l'impression de ne faire qu'une avec la nature. Vous expérimentez la paix intérieure. La nature est calmante. Cette semaine, en vacances ou pas, prenez le temps de pratiquer ce bain de nature chaque jour.

La lune des moissons

La pleine lune du 3 août porte une énergie introspective propice à percer la vérité, à chercher en chacun de nous ce qui se cache en profondeur. Cette lune vous invite à vous connecter avec la nature et votre nature.

TRACKERS

Slow attitude ○○○○○○○

Moment cocooning ○○○○○○○

1,5 l d'eau/jour ○○○○○○○

EAT

Smoothie poire, fenouil et concombre

Le fenouil facilite la digestion, le concombre est très hydratant et la poire apporte douceur et onctuosité. Pelez 100 g de concombre et 2 poires. Au blender, mixez le concombre, les poires et 100 g de fenouil et jusqu'à consistance lisse. Buvez frais.

SHINE

Protection cheveux anti-dessèchement

Entre la mer, le soleil, la piscine, les cheveux s'assèchent et se cassent. Appliquez tous les jours sur vos longueurs un peu d'huile (sésame, macadamia, jojoba, coco ou beurre de karité) avec un indice de protection minime (entre 4 et 8), pour les nourrir et les protéger. Une fois par semaine, donnez un bain d'huile à vos cheveux : laissez poser minimum 30 min ou mieux, toute la nuit ! Puis lavez vos cheveux avec un shampooing doux.

VENDREDI 7

SAMEDI 8

DIMANCHE 9

To do list

L	M	M	J	V	S	D
					1	2
3	4	5	6	7	8	9
10	11	12	13	14	15	16
17	18	19	20	21	22	23
24	25	26	27	28	29	30
31						

Notes

GROW

Morning méditation calme

Avez-vous déjà vu un lac au lever du soleil ? Cela ressemble à un miroir. Le matin, avant de vous lever du lit, imaginez-vous assise au bord d'un lac magnifique, totalement immobile. Les poissons et les grenouilles dorment encore et aucune ondulation ne perturbe sa surface. Le ciel de l'aube s'y reflète. Ce lac est votre esprit au repos : calme, pur et capable de refléter la lumière et la beauté qui l'entoure. Méditez sur ce lac, en respirant lentement et en imaginant que sa surface est votre mental, 5-10 min chaque jour.

Semaine 33

DU 10 AU 16 AOÛT

Ma pensée de la semaine

En tant que femme, vous êtes comme une caisse de résonance de la nature. Écouter votre nature, c'est écouter la nature : ses rythmes, ses fluctuations, son énergie de vie... Ouvrez-vous à elle, ressentez-la comme un prolongement de votre corps et votre esprit ! À la plage, à la montagne ou dans un parc, connectez-vous à elle. Votre mantra : « Je ressens la nature dans tous ses aspects. »

LUNDI 10

MARDI 11

MERCREDI 12

JEUDI 13

GROW

Tree hug

Pratiqué depuis l'Antiquité, le câlin à un arbre améliore votre santé, en plus de vous connecter à la nature. Encore aujourd'hui, au Japon, on utilise le « bain de forêt », *shinrin-yoku*, pour favoriser le système immunitaire, grâce aux molécules aromatiques, les phytoncides, diffusées par les arbres. Trouvez un arbre qui vous inspire et placez-vous devant lui. Fermez les yeux, calmez-vous et essayez de ressentir l'arbre. Présentez-vous à lui, placez votre paume sur le tronc ou bien faites-lui un câlin en l'entourant avec vos bras. Vous vous sentirez vite plus légère et heureuse.

Notes

SHINE

Soin jambes légères

Ce gel frais booste la circulation lymphatique et sanguine. Mélangez 30 ml de gel d'aloe vera avec 20 gouttes d'HE de cèdre de l'Atlas, 20 d'HE de cyprès, 20 d'HE de citron et 20 d'HE de menthe poivrée. Gardez une nuit au frais (se conserve 1 semaine au frais). Appliquez-le après votre douche sur vos jambes, des chevilles en remontant avec des mouvements circulaires. Massez jusqu'à pénétration totale.

EAT

Food hydratante

Pour hydrater votre corps, il est important de manger des aliments hydrophiles, concentrés en eau, comme ceux contenant des pectines et des fibres solubles : avoine, agar-agar, poires, oranges, choux de Bruxelles, orge, gombos, et le plus puissant, les graines de chia. En bonus : ces aliments rassasient vite (car leurs fibres gonflent dans l'estomac), tout en soutenant la digestion et l'élimination.

VENDREDI 14

SAMEDI 15

Assomption

DIMANCHE 16

To do list

L	M	M	J	V	S	D
					1	2
3	4	5	6	7	8	9
10	11	12	13	14	15	16
17	18	19	20	21	22	23
24	25	26	27	28	29	30
31						

FEEL

J'entre en contact avec la Terre

Dehors, enfoncez vos pieds nus dans l'herbe. Le sage Thich Nhat Hanh dit que marcher pieds nus est comme embrasser la Terre avec ses pieds. Dans votre jardin, un parc ou sur la plage, sentez vos pieds se connecter à la Terre, pas à pas. Appréciez ce contact, sa chaleur ou sa fraîcheur, sa moiteur ou sa sécheresse. Vos pieds sont vos racines, ancrées au sol, comme une plante. Chaque jour, cette semaine, marchez pieds nus plusieurs minutes dans l'herbe ou bien ensevelissez vos pieds dans le sable à la plage.

TRACKERS

Slow attitude ○○○○○○○

Moment cocooning ○○○○○○○

1,5 l d'eau/jour ○○○○○○○

Semaine 34

DU 17 AU 23 AOÛT

Ma pensée de la semaine

Plantes vertes, bouquet de fleurs fraîches à disposer chez vous ou au bureau… Partout, vous pouvez amener la nature à vous. Prenez-en soin en conscience, regardez-les, et ainsi vous gardez votre connexion à la Terre. Votre mantra? «Je m'entoure de nature où que je sois.»

LUNDI 17	MARDI 18	MERCREDI 19	JEUDI 20

FEEL

Je me connecte à l'eau

Être nue vous aide à vous connecter à la nature et à votre propre nature, pour mieux vous accepter et vous aimer. Et c'est plus facile dans l'eau, où l'on ne peut pas vous voir! Entrez dans l'eau et isolez-vous des éventuels baigneurs pour retirer votre maillot discrètement. Sentez sur votre corps le mouvement de l'onde, les températures, l'air. Sentez-vous libre et en complète fusion avec l'eau! C'est votre expérience magique à réaliser cette semaine.

La nouvelle lune du 19 août

Pour cette nouvelle lune, commencez à semer des graines dans votre vie!

TRACKERS

Slow attitude ○○○○○○○

Moment cocooning ○○○○○○○

1,5 l d'eau/jour ○○○○○○○

EAT

Salade tomate-mozzarella et basilic

L'acidité des tomates facilite l'élimination. La mozza est riche en bactéries qui agissent comme des probiotiques. Le basilic stimule aussi la digestion. Découpez 1 ou 2 tomates et 1 boule de mozza en tranches fines, intercalez-les. Ajoutez un peu d'huile d'olive, sel de Guérande, poivre et basilic ciselé.

SHINE

Scrub corps hydratant café, sucre et coco

L'huile de coco est à la fois hydratante et rafraîchissante ! Mélangez 4 c. à s. de marc de café, 2 c. à s. d'huile de coco fondue et 2 c. à s. de sucre brun. Appliquez sur le corps en massant à sec, des pieds vers le buste avec des mouvements circulaires prononcés. Insistez sur les zones de vergetures et cellulite. Rincez-vous bien, sans savon, et séchez-vous.

VENDREDI 21

SAMEDI 22

DIMANCHE 23

To do list

L	M	M	J	V	S	D
					1	2
3	4	5	6	7	8	9
10	11	12	13	14	15	16
17	18	19	20	21	22	23
24	25	26	27	28	29	30
31						

Notes

GROW

Je plante une graine

Planter une graine, c'est créer la vie. Chaque graine est une intention, un espoir qui demande à mûrir. Vous pouvez observer sa croissance, ses changements et vous en réjouir. Chaque graine porte sa propre énergie : bourrache pour le courage, bardane pour la guérison, alfalfa pour la prospérité, angélique pour l'intuition, basilic pour la richesse et la protection, coriandre pour la santé, aneth pour la protection, la chance et l'argent… Avant de la planter, méditez sur l'intention que vous ancrez en elle. Avec un peu de temps, de patience et de travail, elle vous amènera ce que vous désirez.

Semaine 35

DU 24 AU 30 AOÛT

Ma pensée de la semaine

La nature ne se trouve pas seulement autour de vous, mais aussi en vous. La même eau qui coule dans l'océan traverse votre corps. Celui-ci est composé des mêmes vitamines et minéraux. L'oxygène que vous respirez est le fruit d'une relation symbiotique entre l'homme et les arbres. Cette semaine, votre mantra : « Je suis connectée aux éléments de la nature en moi et autour de moi ! »

LUNDI 24

MARDI 25

MERCREDI 26

JEUDI 27

GROW

Souffle Kapalabhati

C'est une respiration énergisante qui nettoie les poumons et l'esprit, et augmente l'intelligence. Elle travaille sur les éléments feu et air. Estomac vide, asseyez-vous, dos droit. Fermez les yeux et respirez par le nez. Expulsez avec force l'air par les narines en ramenant le nombril vers l'intérieur. Puis relâchez l'abdomen et laissez l'inhalation se faire de manière passive. Répétez ce cycle en succession rapide, au début 50 répétitions. À la dernière expiration, videz complètement vos poumons, puis laissez votre respiration reprendre son cours normal.

Notes

FEEL

Lithothérapie de connexion à la Terre

Les cristaux et les pierres (ces particules de terre) permettent de se connecter à l'énergie de la planète. Ils se sont formés à sa surface il y a des millions d'années et on dit qu'ils conservent ses vibrations et sa sagesse. Ressentez leurs pouvoirs en portant sur vous ou en plaçant chez vous des pierres qui vous connecte avec la Terre : l'agate, l'ambre, la magnétite ou la préhnite.

EAT

Smoothie bowl des 4 éléments

Les légumes verts sont l'air, le gingembre le feu, la pomme l'eau et les fruits, la terre. Au blender, mixez jusqu'à consistance crémeuse : 1 banane congelée, 1 poignée d'épinards frais, 1 pomme en morceaux, 1 petit morceau de gingembre, 1 c. à s. de graines de lin, un peu de cannelle et 30 cl de lait de riz, d'avoine ou d'eau de coco. Versez dans un bol, décorez de graines de tournesol, noix de coco râpée et fruits frais.

VENDREDI 28

SAMEDI 29

DIMANCHE 30

To do list

L	M	M	J	V	S	D
					1	2
3	4	5	6	7	8	9
10	11	12	13	14	15	16
17	18	19	20	21	22	23
24	25	26	27	28	29	30
31						

SHINE

Mon bain aux sels d'eucalyptus et de vanille

Le sel d'Epsom, riche en minéraux, nourrit la peau, soulage les courbatures et apaise les coups de soleil, tout en vous détoxifiant. Dans un bocal, mélangez 200 g de sel d'Epsom, 100 g de bicarbonate de soude (exfoliant naturel riche en minéraux), 5 gouttes d'HE d'eucalyptus (activante, rafraîchissante, énergisante) et 5-10 gouttes d'essence de vanille (calmante). Mettez 50 g de ce sel dans un bain chaud. Laissez-vous tremper 15 min.

TRACKERS

Slow attitude ○○○○○○○

Moment cocooning ○○○○○○○

1,5 l d'eau/jour ○○○○○○○

Mon journal féminin

Comment je me suis sentie dans mon corps ce mois-ci ?

Comment j'ai vécu mes émotions ce mois-ci ?

Comment ai-je vécu mon cycle ce mois-ci ?

Me suis-je sentie connectée à mon féminin sacré ?

Qu'est-ce qui a bien fonctionné ce mois-ci ?

Qu'est-ce que je dois abandonner le mois prochain pour grandir dans mon féminin ?

Notes

Septembre

JE BOOSTE MA CRÉATIVITÉ

Septembre fait place aux changements, poussés par le vent d'automne. La nature se modifie : la végétation se dénude, le soleil est plus doux et la fraîcheur revient. Utilisez le souffle porteur de septembre pour booster votre créativité. C'est le moment parfait pour travailler quelque chose de nouveau et être créative, car c'est le mois de transition, à la fois spirituel, mouvant et léger ! Votre créativité est une part unique de votre féminité, c'est l'essence de l'énergie féminine selon l'ayurveda. Pas à pas, développez-la, sortez de l'ordinaire, rompez avec les habitudes, bougez, faites ce que vous aimez… Bref, régénérez votre énergie créative ! Vous pourrez ainsi vous reconnecter à une partie primordiale de votre féminité et vous découvrir sur des plans nouveaux.

EAT

Le mois de septembre est difficile pour le corps comme pour le mental avec tous ses changements. C'est une énergie qui chamboule tout. Votre digestion et votre transit se compliquent, vos articulations craquent, et votre mental s'affole au rythme de la reprise du travail et du vent constant. Optez pour une alimentation ancrante et énergisante pour vous stabiliser body & mind !

SHINE

Physiquement, l'intensité de l'été peut laisser quelques traces (peau sèche, petites douleurs articulaires…). Prenez soin de votre peau avec un masque visage, un gommage corps et une huile sublimatrice de teint et chouchoutez vos articulations.

FEEL

En septembre, mentalement, vous pouvez être plutôt dispersée : à la fois pleine d'entrain pour commencer de nouvelles choses mais aussi rapidement stressée et débordée. Cette énergie mouvante est parfaite pour développer votre créativité grâce à diverses activités.

GROW

Développez votre inspiration et boostez votre créativité avec de la méditation, de la respiration et des rituels.

MA ROUE DES LUNES DE septembre

Dans votre roue des lunes, suivez ce qu'il se passe dans votre corps (notamment vos règles) en coloriant les dates des symptômes. À vous de choisir votre couleur ! Vous pouvez aussi signifier l'intensité de votre flux en dessinant des gouttes : 1 pour léger, 2 pour moyen et 3 pour important. Vous apprenez ainsi à mieux connaître votre cycle et la manière dont il vous affecte. Le calendrier lunaire vous permet de vous sentir en harmonie avec le monde !

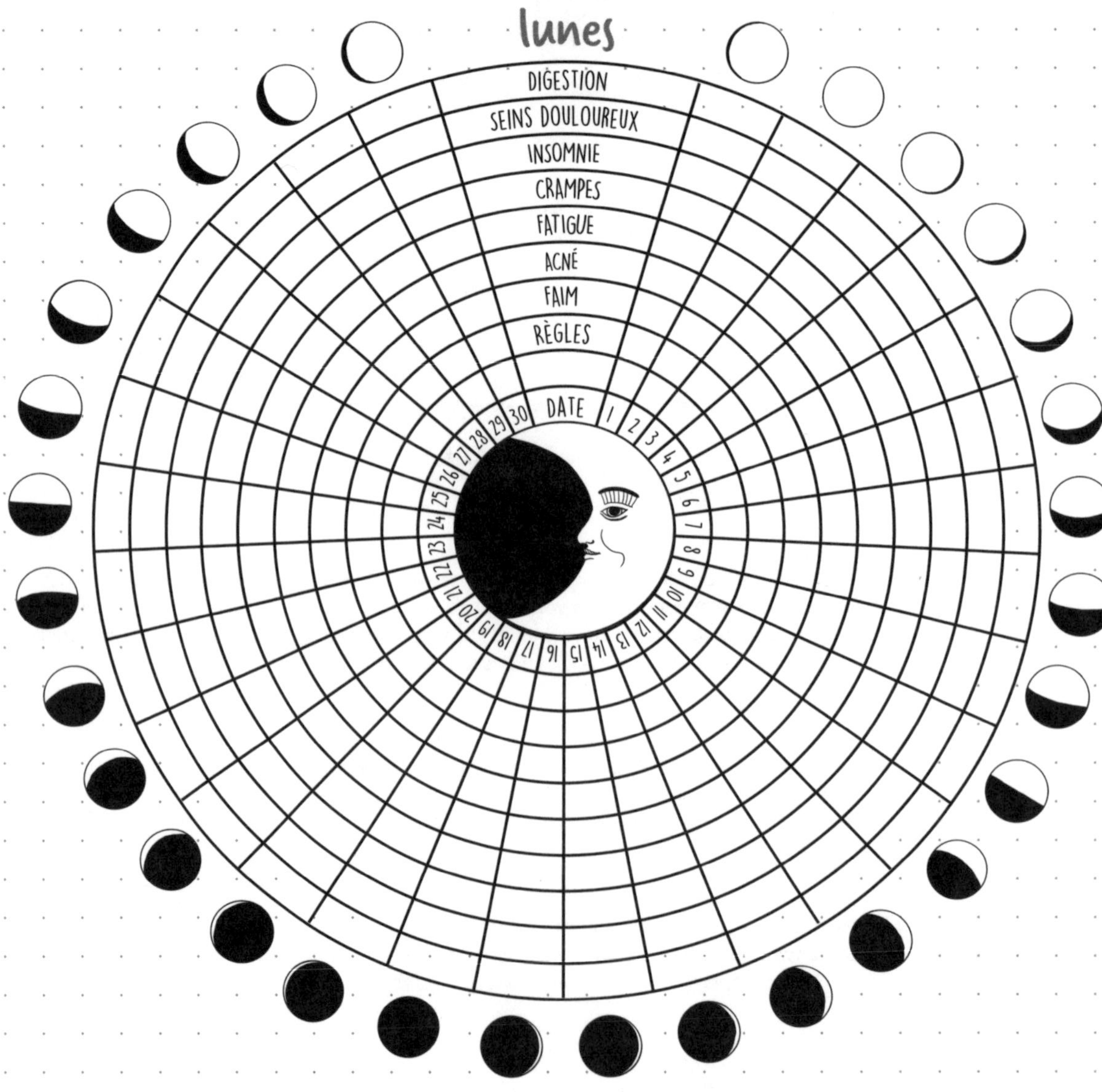

MON MANDALA MOOD DE septembre

L'araignée, souvent crainte chez nous, est pourtant un animal totem puissant. C'est une tisseuse, elle symbolise le pouvoir créateur et sa puissance vous permet de réaliser votre propre toile, l'interconnexion de tout dans le monde, la magie, le mystère et votre but de vie. C'est une compagne idéale pour développer votre créativité.

Calme
Heureuse
Énergique, en forme
Irritable, sujette aux sautes d'humeur
Énervée
Perdue, confuse
Anxieuse
Déprimée

Semaine 36

DU 31 AOÛT AU 6 SEPTEMBRE

Ma pensée de la semaine

Vous ne le soupçonnez peut-être pas, pourtant vous êtes créative. C'est une compétence que tout le monde peut entraîner en décidant d'y accorder du temps et de sortir de son agenda super cadré ! Osez casser votre routine pour des temps de pure créativité. Votre mantra ? «Je change mes habitudes par petites touches.»

LUNDI 31

MARDI 1er

MERCREDI 2

JEUDI 3

FEEL

Je change mes habitudes

Votre routine est si sereine, et c'est bien. Pourtant, la créativité se nourrit de l'imprévu. Comment jongler entre confort et surprise ? Il faut changer votre quotidien et votre planning. 1 h par jour, décidez de faire quelque chose de radicalement différent : écrire de la poésie, jouer d'un instrument… Cette semaine, coloriez un mandala book chaque jour 30 min avec une bonne tisane de tulsi (basilic sacré) et une musique calme. Puis tentez d'autres expériences au gré de vos envies.

La lune du Cornu

La pleine lune du 2 septembre symbolise les moissons à récolter avant l'hiver. Elle invite à faire le bilan et à la gratitude. C'est une lune intense pour le mental.

TRACKERS

Journal de pensées/de rêves ○○○○○○○

Food épicée ○○○○○○○

Moment cocooning ○○○○○○○

EAT

Energy food

À la rentrée, vous avez besoin d'aliments énergisants : légumes-racines, sésame, viandes maigres ou poissons, fromages frais, céréales (avoine, tapioca, orge, blé), fruits secs sucrés (dattes, figues, raisins), ghee et huiles vierges (olive, noix, amande, noisette), pommes, bananes, citron, miso, algues, champignons et ail.

SHINE

Masque peau éclatante

Le curcuma adoucit la peau, la recharge en vitamines et minéraux, l'exfolie en douceur, resserre les pores. Le miel nourrit et lubrifie la peau, la banane hydrate et redonne de l'éclat. Mélangez 1 c. à c. de poudre de curcuma, 2 c. à c. de purée de banane et ½ c. à c. de miel. Appliquez sur visage et cou, laissez poser 30 min. Rincez abondamment, séchez-vous, hydratez-vous avec un peu d'huile de coco.

VENDREDI 4

SAMEDI 5

DIMANCHE 6

To do list

L	M	M	J	V	S	D
	1	2	3	4	5	6
7	8	9	10	11	12	13
14	15	16	17	18	19	20
21	22	23	24	25	26	27
28	29	30				

Notes

GROW

Je crée mon mala

Le mala est un collier de 108 perles utilisé depuis des millénaires par les yogis pour méditer. Fabriquer votre propre mala est une pratique créative, méditative et spirituelle. Choisissez vos 108 perles, un cordon de 45-50 cm, un pompon et une grande perle centrale. Créez une ambiance sereine, laissez 10 cm de cordon, puis enfilez les perles en plaçant vos intentions en chacune et séparez-les d'un nœud de cordon. Après la 108e petite perle, insérez les extrémités du cordon dans la grosse pierre et nouez-les. Au bout, ajoutez le pompon. Chargez votre mala de l'énergie de la pleine lune !

Semaine 37

DU 7 AU 13 SEPTEMBRE

Ma pensée de la semaine

Insufflez de la créativité dans tous vos actes! Recherchez l'inspiration dans tout ce qui vous entoure, les personnes, les objets, la nature… Ouvrez-vous à votre imagination! Votre mantra cette semaine? «Je cherche à capter en chaque chose, chaque personne et chaque situation une inspiration.»

LUNDI 7

MARDI 8

MERCREDI 9

JEUDI 10

EAT

Smoothie épicé énergie

Mettez à tremper une nuit 4 dattes medjool et 20 amandes dans de l'eau, séparément. Au matin, égouttez et pelez les amandes. Chauffez 1,5 tasse de lait végétal (avoine ou amande) et ½ c. à c. de ghee avec ¼ de c. à c. de cardamome, ½ c. à c. de cannelle, ½ c. à c. de curcuma et 1 pincée de poivre. Mixez les amandes, les dattes, l'eau de trempage des dattes, le lait chaud et ½ tasse d'eau chaude jusqu'à consistance lisse et mousseuse. Buvez chaud avec ou sans miel.

Notes

FEEL

Je m'inspire

Votre entourage vous reflète. S'il est créatif, vous le serez aussi ! Cette semaine, cherchez l'inspiration dans vos amis. Demandez à un ami la chose la plus importante qu'il ait apprise, à un autre ce qu'il aime le plus dans la vie. Souvenez-vous de votre créativité d'enfant. Rejoignez une organisation de personnes qui font une différence positive dans le monde.

GROW

Méditation inspirante

Méditez sur votre 2ᵉ chakra, *Svadhisthana* (en bas de la colonne près du coccyx), siège de la créativité. Asseyez-vous au sol en tailleur ou agenouillée, la colonne bien droite. Prenez de longues respirations par le ventre en vous décontractant. Quand votre souffle a naturellement trouvé un rythme lent et constant, répétez le mantra « VAM » à chaque respiration ; d'abord à voix haute, 20 fois, pour vous aider à focaliser votre attention, puis dans votre tête. Méditez 10 min.

VENDREDI 11

SAMEDI 12

DIMANCHE 13

To do list

L	M	M	J	V	S	D
	1	2	3	4	5	6
7	8	9	10	11	12	13
14	15	16	17	18	19	20
21	22	23	24	25	26	27
28	29	30				

SHINE

Gommage vitalité et inspiration

Mélangez avec une spatule en bois 50 g de bicarbonate de soude, 50 g de sel marin, 30 gouttes d'HE de lavande aspic (antifongique, antimycosique, cicatrisante et apaisante), 20 de marjolaine à coquilles (anti-infectieuse, antibactérienne, anti-inflammatoire, antidépresseur, antifatigue, antistress) et 10 de cannelle (antiseptique, antifongique, tonifiante). Ajoutez de l'huile de sésame jusqu'à consistance moelleuse. Appliquez à sec sur votre peau avant d'entrer dans la douche et massez-vous avec des mouvements rapides et profonds. Rincez-vous à l'eau chaude.

TRACKERS

Journal de pensées/de rêves ○○○○○○○

Food épicée ○○○○○○○

Moment cocooning ○○○○○○○

Semaine 38

DU 14 AU 20 SEPTEMBRE

Ma pensée de la semaine

La créativité naît dans le mouvement donné par l'inspiration. Pour appeler l'énergie créative, bousculez vos habitudes, vos activités et sortez de votre zone de confort. Votre mantra de la semaine : « Je libère ma créativité dans le mouvement. »

LUNDI 14

MARDI 15

MERCREDI 16

JEUDI 17

SHINE

Huile de massage chauffante pour les articulations

En septembre, vous pouvez avoir des douleurs aux articulations ou aux muscles. Dans 10 cl d'huile de jojoba ou de sésame, ajoutez 3 gouttes d'HE de sauge sclarée (tonifiante pour la circulation, décongestionnante et relaxante), 1 d'HE de cajeput (antalgique, relaxante, calmante), 8 d'HE de curcuma (cicatrisante, antalgique) et 4 d'HE de gingembre (stimulante, anti-inflammatoire, antalgique, antifatigue). Massez les articulations et les muscles douloureux en pressant.

La nouvelle lune du 17 septembre

Dessinez vos intentions et affichez-les au-dessus de votre bureau pour garder en tête vos objectifs de ce mois.

TRACKERS

Journal de pensées/de rêves ○○○○○○○

Food épicée ○○○○○○○

Moment cocooning ○○○○○○○

FEEL

Je réalise mes projets

Cette semaine, essayez quelque chose que vous avez toujours supposé impossible, mais dont vous rêvez secrètement. Créez un bucket plan : inscrivez votre objectif, puis demandez-vous comment y arriver. Tirez des flèches et inscrivez les réponses au bout. Continuez jusqu'à ce que vous n'ayez plus de question et que le chemin à suivre soit clair. Vous n'avez plus qu'à agir !

EAT

Patate douce addict

Aliment tendance d'automne, la patate douce est énergisante car elle est très nourrissante. Riche en fibres, en vitamines C et A (2 fois la valeur quotidienne de vit A), B et en minéraux. Elle soutient la digestion, protège le cœur, stabilise la glycémie (index glycémique bas) et renforce l'immunité. Mangez-la rôtie avec du ghee et des épices, en soupe, en purée, caramélisées…

VENDREDI 18

SAMEDI 19

DIMANCHE 20

To do list

L	M	M	J	V	S	D
	1	2	3	4	5	6
7	8	9	10	11	12	13
14	15	16	17	18	19	20
21	22	23	24	25	26	27
28	29	30				

Notes

GROW

Respiration booster de créativité

La respiration *Nadi Shodhana*, purifiante et équilibrante, conduit à un état de calme propice à la créativité. Asseyez-vous, dos droit, yeux fermés. Pliez le majeur et l'index de votre main droite. Fermez votre narine droite avec votre pouce droit et inspirez en 5 s par la narine gauche. Relâchez votre narine droite, fermez la gauche avec l'annulaire, et expirez en 5 s par la narine droite. Puis inspirez en 5 s par la narine droite. Relâchez votre narine gauche, fermez la droite avec votre pouce, puis expirez en 5 s par la narine gauche. Vous avez fait 1 cycle. Répétez 12 fois. Puis ouvrez les yeux.

Semaine 39

DU 21 AU 27 SEPTEMBRE

Ma pensée de la semaine

La créativité est naturelle quand vous faites ce que vous aimez. En cuisine, vous improvisez une merveilleuse recette. En danse, vous créez une chorégraphie. En poésie, vous vous laissez emporter par le flot de vos mots. En somme, c'est assez simple. Votre mantra : «Je fais ce que j'aime pour développer ma créativité!»

LUNDI 21

MARDI 22

MERCREDI 23

JEUDI 24

FEEL

Je fais ce que j'aime

Quelles sont vos passions, vos envies, qu'est-ce qui attise votre curiosité? Ce sont vos sources de créativité. N'essayez pas de faire ce qui est tendance, mais d'être vous. Nous sommes toutes douées pour des choses différentes. Si vous hésitez, essayez plusieurs choses et vous verrez. Laissez parler votre cœur. Écrivez un journal de ce que vous découvrez. Chaque semaine, accordez-vous 1 journée ou 2 demi-journées pour ne faire que ce que vous aimez.

Notes

GROW

Rituel d'équinoxe d'automne

L'équinoxe d'automne, ou Mabon, est le temps de la récolte et de la gratitude. Faites une liste de gratitudes. Cela va attirer plus d'abondance à vous. Que ce soit de petites ou de grandes choses, des personnes ou des moments spéciaux, ils comptent pour vous ! Conservez votre liste à un endroit visible. Dans la tradition, c'est aussi le moment de remercier en faisant des dons : invitez vos amis pour un déjeuner ou faites une bonne action généreuse.

SHINE

Huile corps sublimatrice de bronzage

Envie de garder votre teint doré d'été en septembre ? Dans un petit bol en inox, mélangez 10 cl de macérat huileux de monoï, 10 cl d'huile de karanja et 10 ml de mica poudre d'or, avec un petit fouet en inox. Transférez dans un flacon de 20 cl. Massez-vous tout le corps après la douche le matin.

VENDREDI 25

SAMEDI 26

DIMANCHE 27

To do list

L	M	M	J	V	S	D
	1	2	3	4	5	6
7	8	9	10	11	12	13
14	15	16	17	18	19	20
21	22	23	24	25	26	27
28	29	30				

EAT

Soupe au butternut, fenouil, gingembre et ail

La courge est ancrante et nourrissante, ce qui va vous redonner de l'énergie en profondeur. Le gingembre, l'ail et le fenouil augmentent votre digestion et votre immunité. Faites rôtir 30 min 1 butternut au four à 200 °C. Coupez-la en cubes. Dans 2 c. à s. de ghee, faites revenir 2 oignons en dés, du gingembre râpé et 2 gousses d'ail hachées, 5-10 min. Ajoutez sel, poivre et 1 c. à c. de graines de fenouil et remuez 30 s. Puis ajoutez la courge et 1 l d'eau. Portez à ébullition, laissez mijoter à feu moyen 20 min. Mixez le tout. Pressez le jus d'½ citron vert dans la soupe, c'est prêt !

TRACKERS

Journal de pensées/de rêves ○○○○○○○

Food épicée ○○○○○○○

Moment cocooning ○○○○○○○

Semaine 40

DU 28 SEPTEMBRE AU 4 OCTOBRE

Ma pensée de la semaine

La créativité est cette énergie issue de votre propre énergie interne. Si vous êtes épuisée, vous aurez peu de créativité. Reposez-vous, prenez soin de vous, pour régénérer votre énergie interne, et donc votre créativité. Votre mantra : « Je me régénère pour renouveler ma créativité. »

LUNDI 28 | MARDI 29 | MERCREDI 30 | JEUDI 1er

FEEL

Je me régénère

Apprenez à ne RIEN faire. Avec une petite sieste ou une simple méditation. En allant au parc pour regarder les nuages dans le ciel. Sans but, sans jugement. Juste pour le plaisir et pour apprécier l'instant. Cette semaine, prenez le temps de revenir à vous loin des contraintes, du stress et des technologies énergivores : asseyez-vous sur une terrasse avec un thé pour regarder passer les gens, marchez sans destination dans votre ville.

La lune des sorcières du 1er octobre

Pourquoi ne pas essayer de peindre cette pleine lune pour mieux vous connecter à elle ?

TRACKERS

Journal de pensées/de rêves ○○○○○○○

Food épicée ○○○○○○○

Moment cocooning ○○○○○○○

EAT

Frittata verte aux herbes

Dans un bol, battez vigoureusement 3 œufs. Faites cuire 1 grosse poignée d'épinards à feu vif dans un peu d'huile d'olive, ajoutez 1 poignée de persil frais haché, 1 c. à c. de thym, 1 c. à c. d'origan, sel et poivre. Ajoutez aux œufs. Chauffez une poêle en fonte bien huilée, versez le mélange et mettez au four à 180 °C, 20 min.

SHINE

Bain chauffant au gingembre

Faites-vous couler un bain chaud avec 30 g de gingembre (chauffant et calmant) et 2 poignées de sel d'Epsom (relaxant et purifiant au niveau mental et énergétique). Mélangez 1 c. à s. d'huile et 5 gouttes d'HE de lavande, néroli ou camomille. Ajoutez dans le bain. Faites trempette 20 min. Rincez-vous à l'eau chaude et enroulez-vous dans un peignoir.

VENDREDI 2

SAMEDI 3

DIMANCHE 4

To do list

L	M	M	J	V	S	D
	1	2	3	4	5	6
7	8	9	10	11	12	13
14	15	16	17	18	19	20
21	22	23	24	25	26	27
28	29	30				

Notes

GROW

Rituel de la lune des sorcières

Allumez un peu de sauge pour purifier votre espace. Asseyez-vous confortablement, dos droit, yeux fermés. Dans votre main droite, tenez une labradorite, pour augmenter votre intuition et votre clarté mentale. Dans votre main gauche, une pierre de lune, pour vous apporter la paix intérieure. Posez-vous les questions : *De quoi je suis fière ? Qu'est-ce qui a marché ? Qu'est-ce qui n'a pas marché ? Que puis-je faire pour m'améliorer ?* Respirez lentement en vous concentrant sur vos ressentis 15-20 min. Puis ouvrez les yeux, remerciez les pierres pour leur guidance, et écrivez vos nouveaux objectifs.

Mon journal féminin

Comment je me suis sentie dans mon corps ce mois-ci ?

Comment j'ai vécu mes émotions ce mois-ci ?

Comment ai-je vécu mon cycle ce mois-ci ?

Me suis-je sentie connectée à mon féminin sacré ?

Qu'est-ce qui a bien fonctionné ce mois-ci ?

Qu'est-ce que je dois abandonner le mois prochain pour grandir dans mon féminin ?

Notes

octobre

J'ACCROIS MA CONFIANCE

La fête de Samain (wicca), Halloween (anglo-saxonne), Toussaint (française) ou encore Tir-na-nogh'th (celtique) célèbrent la fin d'un cycle, une «mort» symbolique. Utilisez cette énergie de rupture pour continuer à grandir en lâchant tout ce qui peut encore vous freiner dans votre épanouissement. Lâchez les conditionnements mentaux et les habitudes qui vous empêchent d'avoir confiance en vous. Prenez confiance en la femme forte que vous êtes. Reconnaissez vos accomplissements depuis le début de l'année. Être connectée à votre corps, à votre intuition, à la nature, à votre créativité fait aujourd'hui de vous une femme plus expérimentée, plus sûre et puissante. Estimez-vous pour tout cela et protégez-vous des influences négatives qui vous font douter.

EAT

À cette saison rude de froid et de vent, votre faim s'intensifie tandis que vous avez besoin de plats de saison cocooning pour vous réchauffer et vous nourrir.

SHINE

Au niveau physique, vous ressentez plus l'agression de la température extérieure et du vent, votre peau perd sa lumière. Cocoonez-vous avec des soins doudous et de saison qui luttent contre la sécheresse et le froid, une chantilly amande-noisette pour le corps, une huile «chaufferette» pour les mains…

FEEL

Mentalement, vous recherchez le confort et le cocooning. Vous avez envie de rester à l'intérieur, au chaud. C'est le moment de consolider votre force intérieure, votre confiance, fondée sur les expériences et les émotions positives (fierté, gratitude, optimisme) grâce à des exercices psy et des méthodes de pensée positive.

GROW

À présent que vous êtes suffisamment forte et connectée à votre féminin sacré, vous êtes prête à accueillir toutes vos richesses, tous vos mystères et vos nuances. Grandissez en reconnaissant vos forces et faiblesses. Cultivez votre puissance, acceptez vos mystères et purifiez les énergies !

MA ROUE DES LUNES D'octobre

Dans votre roue des lunes, suivez ce qu'il se passe dans votre corps (notamment vos règles) en coloriant les dates des symptômes. À vous de choisir votre couleur ! Vous pouvez aussi signifier l'intensité de votre flux en dessinant des gouttes : 1 pour léger, 2 pour moyen et 3 pour important. Vous apprenez ainsi à mieux connaître votre cycle et la manière dont il vous affecte. Le calendrier lunaire vous permet de vous sentir en harmonie avec le monde !

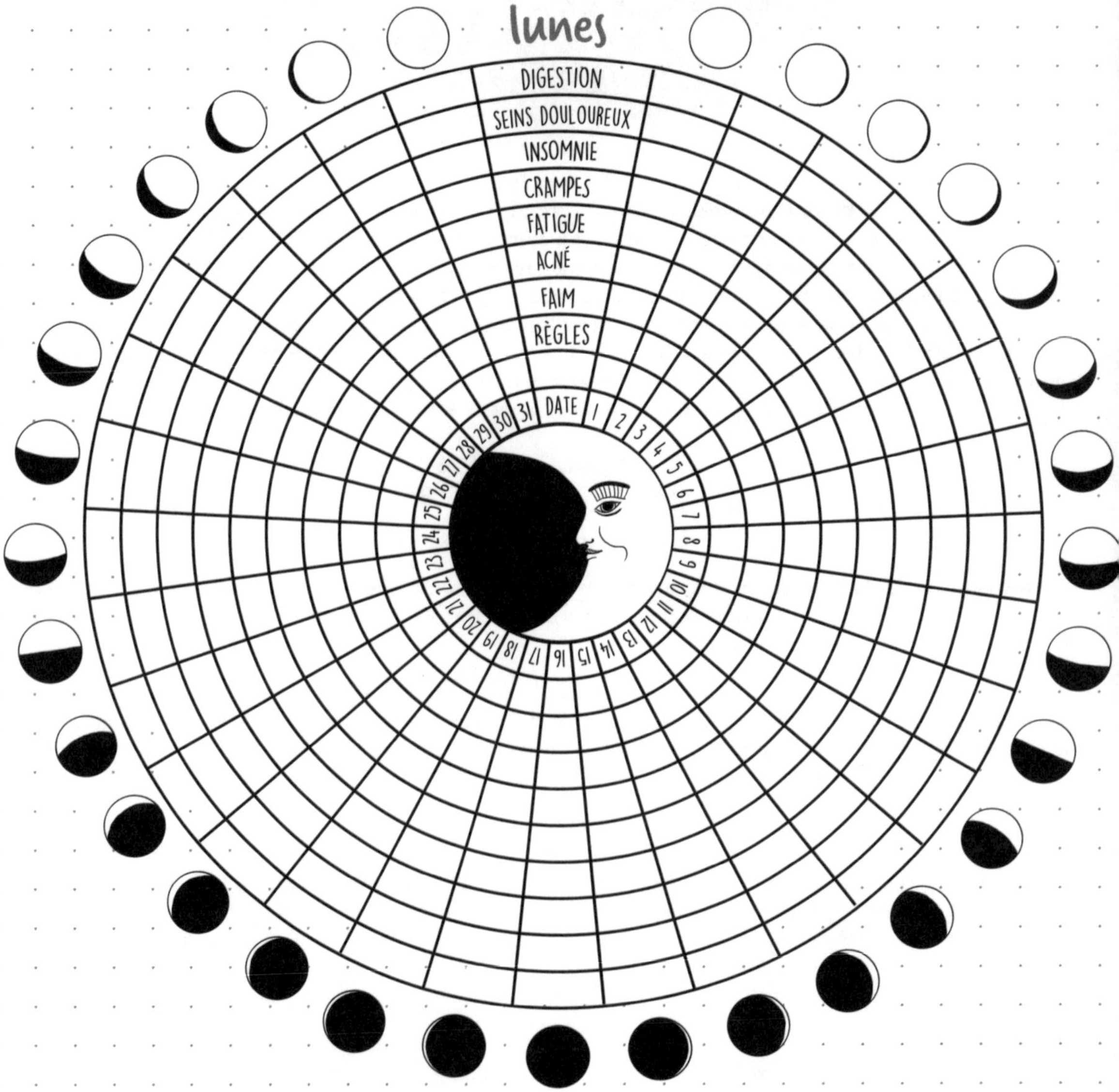

MON MANDALA MOOD D'octobre

Au royaume des esprits des animaux, l'ours est emblématique de la force, de l'ancrage et de l'hibernation. Il enseigne la confiance en soi, la force, la guérison, l'importance de la solitude et du repos. C'est donc un allié idéal pour vous aider à développer votre confiance en vous ce mois-ci.

Calme
Heureuse
Énergique, en forme
Irritable, sujette aux sautes d'humeur
Énervée
Perdue, confuse
Anxieuse
Déprimée

Semaine 41

DU 5 AU 11 OCTOBRE

Ma pensée de la semaine

La confiance en soi naît du fait qu'on se connaît vraiment, dans nos forces et nos faiblesses, mais aussi dans nos accomplissements. C'est ainsi qu'on peut la préserver, même quand le monde tente de l'écorner. Votre mantra de la semaine : «Je me vois telle que je suis.»

LUNDI 5	MARDI 6	MERCREDI 7	JEUDI 8

FEEL

Je me félicite pour mes accomplissements

Cette semaine, célébrez toutes vos victoires, même celles qui vous paraissent les plus insignifiantes (faire du sport 3 fois par semaine, méditer 5 min par jour, s'affirmer…)! Chaque pas en avant est important, peu importe sa taille! Personne d'autre que vous ne sait ce qu'il vous en a coûté, personne n'est mieux placé pour valoriser vos forces. Récompensez-vous à chaque petite victoire (avec une sortie, une jolie robe, un soin ou des fleurs…). Chaque célébration améliorera votre confiance en vous!

Notes

EAT

Compote de pommes épicée

Réchauffez votre corps le matin avec cette super compote. Grâce aux épices, elle réchauffe, réveille le système digestif et renforce l'immunité tout en décongestionnant les nez bouchés. Dans une casserole, mettez 2 pommes moyennes coupées, 1 c. à c. de cannelle, 1 c. à c. de gingembre, ¼ de c. à c. de poivre, 2 clous de girofle, 1 c. à s. de graines de lin et 1 poignée de raisins secs. Couvrez d'eau, ajoutez 1 c. à c. d'huile de coco ou de ghee et laissez cuire à feu moyen à couvert 20 min.

SHINE

Masque élixir de jeunesse

Ce masque régénérant est comme un élixir de jeunesse pour votre peau. Écrasez 1 banane pour obtenir une pâte, ajoutez 1 c. à c. de gingembre en poudre, 2 c. à s. d'huile d'olive, mélangez, puis 1 blanc d'œuf et mélangez pour obtenir la consistance d'une crème. Appliquez sur visage et cou, laissez poser 15 min, puis rincez à l'eau claire.

VENDREDI 9

SAMEDI 10

DIMANCHE 11

To do list

L	M	M	J	V	S	D
			1	2	3	4
5	6	7	8	9	10	11
12	13	14	15	16	17	18
19	20	21	22	23	24	25
26	27	28	29	30	31	

GROW

Je connais mes forces et mes faiblesses

La connaissance de soi est le fondement même de la confiance. Elle permet de ne pas se surestimer ni se mettre en échec, ce qui nuit à la confiance. Faites 2 listes, l'une de vos forces et l'autre de vos faiblesses. Vos forces sont multiples : un trait de caractère, une façon de penser, une compétence, des connaissances… Essayez d'être objective. Puis demandez à une dizaine d'amis de vous dire vos forces et faiblesses. Cela vous surprendra ! Modifiez votre liste pour refléter ce que vous avez appris et lisez-la chaque jour pour mieux vous connaître.

TRACKERS

- *Cocooning/gommage* ○○○○○○○
- *Monodiète soupe* ○○○○○○○
- *Auto-félicitation* ○○○○○○○

Semaine 42

DU 12 AU 18 OCTOBRE

Ma pensée de la semaine

Vous êtes ce que vous faites et si vous changez ce que vous faites, vous changez ce que vous êtes. Alors, pour développer votre confiance, mettez en action votre optimisme. Donnez-vous les moyens d'atteindre vos buts. Votre mantra de la semaine? «Je suis positive!»

LUNDI 12

MARDI 13

MERCREDI 14

JEUDI 15

FEEL

Feel optimistic!

Vous ne trouvez pas toujours la force nécessaire pour voir la vie sous son meilleur jour? Peu importent les événements ou les nouvelles, vous ne retenez que les aspects négatifs? Cette semaine, commencez une cure de Fleurs de Bach® (des élixirs floraux) avec le complexe «Motivation» (Élixirs & Co.®) ou «Optimisme» (Ladrôme®), 2 pulvérisations sous la langue 3 à 4 fois par jour. Cela vous aidera à prendre en main votre destin, et vous donnera l'enthousiasme pour aller de l'avant.

La nouvelle lune du 16 octobre

À la nouvelle lune, développez votre confiance en célébrant le rituel d'optimisme!

TRACKERS

Cocooning/gommage	○○○○○○○
Monodiète soupe	○○○○○○○
Auto-félicitation	○○○○○○○

EAT

Poêlée de marrons et bok choy

Douces et nourrissantes, les châtaignes ravivent le feu digestif. Poêlez 5 min à feu doux : 2 c. à s. de ghee, 3 feuilles de sauge, 2 poignées de raisins secs et 1 pincée de muscade. Ajoutez 1 chou bok choy haché et faites revenir 5 min à couvert. Ajoutez 400 g de marrons cuits, sel et poivre. Laissez cuire 15 min à feu doux. Ajoutez un peu d'eau si besoin. C'est prêt !

GROW

Mon rituel nouvelle lune « positive attitude »

Écrivez une liste de 5 choses max. que vous voulez réaliser ce mois. Donnez-vous des objectifs positifs et réalisables. Allumez une bougie et prononcez mentalement : « Que l'énergie de la nouvelle lune me donne la force et l'enthousiasme d'aller de l'avant pour atteindre mes objectifs. » Méditez en focalisant vos pensées sur cette liste. Brûlez ce papier à la prochaine nouvelle lune quand vous l'aurez réalisé.

VENDREDI 16

SAMEDI 17

DIMANCHE 18

To do list

L	M	M	J	V	S	D
			1	2	3	4
5	6	7	8	9	10	11
12	13	14	15	16	17	18
19	20	21	22	23	24	25
26	27	28	29	30	31	

Notes

SHINE

Chantilly corps amande-noisette

Parfaite pour les peaux normales à sèches, cette chantilly répare la peau en profondeur. Faites fondre dans un bol 11,5 g de beurre de karité, 19 ml d'huile d'amande douce et 10 ml d'huile de noisette au bain-marie. Placez le bol au congélateur 10 min. Quand les bords de la préparation s'opacifient, ressortez-la et ajoutez 17 gouttes d'extrait naturel d'amande bio et 6 gouttes de vitamine E. Fouettez au batteur 5 à 10 min pour une texture aérienne. Transférez dans un pot de 5 cl et conservez au sec 6 mois.

Semaine 43

DU 19 AU 25 OCTOBRE

Ma pensée de la semaine

Si la confiance en soi se construit avec l'optimisme, les personnes négatives la fragilisent. Lutter contre les énergies négatives consomme vos forces et vous cause de la tristesse et des problèmes d'estime. Votre mantra? «Je me protège pour préserver ma positivité et ma confiance.»

LUNDI 19

MARDI 20

MERCREDI 21

JEUDI 22

EAT

Je me purifie

Relevez le défi d'une journée de jeûne avec des tisanes non sucrées. Le jeûne détoxifie l'organisme, apporte clarté mentale et remet à zéro votre rapport à la nourriture. Un jour par semaine suffit. Choisissez une journée off. Faites le plein de tisanes diurétiques (ortie, pissenlit, reine-des-prés, queues de cerises…) ou de mélanges tout prêts pour le jeûne. Tout au long de la journée, ne mangez rien, mais buvez beaucoup de tisanes et d'eau (2-3 litres).

Notes

SHINE

Mon scrub purifiant

La peau est le plus grand organe du corps, c'est une barrière qui lutte contre les toxines. Purifiez-la elle aussi avec ce scrub ! Faites fondre 180g d'huile de coco dans un endroit chaud ou une casserole en céramique à feu doux. Ajoutez 2 c. à s. de miel, 300g de sel d'Epsom, 150g de sel de mer, 150g de sucre non raffiné bio, 10 gouttes d'HE d'eucalyptus et 10 d'HE de cyprès. Mélangez et transvasez dans un grand pot en verre (env. 650g).

FEEL

Je me protège des influences négatives

Comment vous protéger des personnes négatives autour de vous ? Méthode en 3 étapes. 1. Rappelez-vous que ce sont eux, le problème, pas vous : une personne heureuse et confiante ne rabaisse pas les autres. Celle qui le fait a sa propre insécurité et ses traumas. 2. Ne renvoyez pas à cette personne ses propres échecs. Cela ne fait que perpétuer le cercle de douleur. 3. La seule personne auprès de qui vous devez faire vos preuves, c'est vous.

VENDREDI 23

SAMEDI 24

DIMANCHE 25

To do list

L	M	M	J	V	S	D
			1	2	3	4
5	6	7	8	9	10	11
12	13	14	15	16	17	18
19	20	21	22	23	24	25
26	27	28	29	30	31	

GROW

Je purifie mon espace avec du smudge

Les espaces ont besoin d'être nettoyés énergétiquement. Cette pratique ancestrale consiste à brûler de la sauge séchée ou d'autres herbes pour purifier une personne ou un espace. Confectionnez votre smudge (assemblez les feuilles et nouez-les avec des ficelles en haut, en bas et au milieu) ou achetez-le tout fait. Mettez une musique spirituelle (*Gayatri mantra*). Allumez un coin du smudge et soufflez dessus pour éteindre les flammes. Faites le tour de la pièce avec et laissez la fumée pénétrer tous les recoins, une fenêtre ouverte pour que l'énergie puisse s'échapper.

TRACKERS

Cocooning/gommage ○○○○○○○

Monodiète soupe ○○○○○○○

Auto-félicitation ○○○○○○○

Semaine 44

DU 26 OCTOBRE AU 1ER NOVEMBRE

Ma pensée de la semaine

Un des meilleurs moyens pour améliorer votre confiance en vous est de continuer à apprendre constamment, en travaillant vos compétences et vos connaissances. Vous vous sentirez plus sûre de vous ! En regardant vos forces et vos faiblesses, vous pouvez identifier vos axes de progression ! Votre mantra de la semaine ? « Je progresse constamment. »

LUNDI 26

MARDI 27

MERCREDI 28

JEUDI 29

GROW

Je célèbre la fête des Morts

Il est important de redonner vie à cette tradition. C'est un moment de mémoire, pour se connecter au cycle naturel de la vie. Pour cela, créez un petit autel avec une photo, un petit objet qui vous rappelle la personne que vous célébrez. Ajoutez des fleurs et allumez des bougies. Puis rappelez-vous des instants heureux et ressentez de la gratitude pour ce qu'ils vous ont apporté. Terminez de le fêter dans la joie en mangeant des gâteaux et en buvant un chocolat chaud épicé.

La pleine lune du 31 octobre

2e pleine lune du mois, elle tombe le même jour que Samain, la fête de la mort celtique. Cette lune qui n'apparaît que tous les 3 ans favorise la réussite d'actions magiques.

TRACKERS

Cocooning/gommage ○○○○○○○

Monodiète soupe ○○○○○○○

Auto-félicitation ○○○○○○○

EAT

Ma soupe potimarron, miso, poireau

Enfournez 35 min, à 180 °C, 1 gros potimarron coupé en deux, vidé et huilé. Faites revenir 3 poireaux coupés avec un peu de gingembre râpé dans de l'huile de sésame à feu doux, jusqu'à ce qu'ils soient fondants. Quand le potimarron est fondant, mixez-le avec 3 c. à s. de miso, 2 c. à s. de tamari et de l'eau jusqu'à la consistance souhaitée. Intégrez les poireaux. Ajoutez un filet d'huile de sésame ou des algues séchées.

SHINE

Mon huile « chaufferette » de poche et de chaussettes

Dans 30 ml d'huile de sésame bio, ajoutez 2 gouttes d'HE de cannelle, 8 d'HE de lavande, 5 d'HE de myrrhe et 3 d'HE de gingembre. Massez-vous les mains et les pieds, le soir devant la télé ou dans votre lit. Faites bien pénétrer. Vous sentirez vite la chaleur revenir dans vos membres frigorifiés !

VENDREDI 30

SAMEDI 31

DIMANCHE 1er

Toussaint

To do list

L	M	M	J	V	S	D
			1	2	3	4
5	6	7	8	9	10	11
12	13	14	15	16	17	18
19	20	21	22	23	24	25
26	27	28	29	30	31	

Notes

FEEL

Yoga pour booster ma confiance

La confiance en vous consiste à croire en vos capacités, vos décisions et à accepter vos limites. Lorsque vous commencez à développer votre force physique et à progresser dans des postures difficiles de yoga, vous vous sentez plus forte et fière. Cette semaine, pratiquez 4 fois ces postures pour booster votre confiance en vous : 5 salutations au soleil, planche sur les avant-bras, guerrier 2, guerrier 3, chaise, demi-lune. Tenez chaque position 7 à 10 longues respirations.

Mon journal féminin

Comment je me suis sentie dans mon corps ce mois-ci ?

Comment j'ai vécu mes émotions ce mois-ci ?

Comment ai-je vécu mon cycle ce mois-ci ?

Me suis-je sentie connectée à mon féminin sacré ?

Qu'est-ce qui a bien fonctionné ce mois-ci ?

Qu'est-ce que je dois abandonner le mois prochain pour grandir dans mon féminin ?

Notes

Novembre

J'ATTIRE À MOI ABONDANCE ET FÉLICITÉ

En novembre, le froid s'est installé pour de bon. Physiquement, votre circulation sanguine est ralentie, d'où vos mains et vos pieds froids, votre peau sèche et vos muscles tendus. Votre corps cherche à constituer une couche isolante sous votre peau pour lutter contre le froid, ce qui explique que vous avez un bon appétit. C'est naturel ! Psychologiquement, votre attention se déplace vers l'intérieur : envie d'hiberner au chaud sous la couette. À l'intérieur, novembre rime avec abondance, nourriture riche, duvets, gâteaux… Novembre est donc le mois propice pour attirer à vous abondance et félicité. On parle ici de joie, de rire, d'opportunités, de confiance… De quoi fortifier la connexion avec votre féminin sacré, dont l'essence, selon l'ayurveda, est justement l'abondance, la générosité, la créativité, comme la Terre mère.

EAT

En cette saison froide, votre corps veut augmenter votre immunité pour mieux résister. Bon système digestif rime avec bonne immunité. Savourez donc des recettes nourrissantes et immuno-booster : lait chaud cocooning, tarte au butternut et soupe carotte-gingembre…

SHINE

En cette saison rude, soutenez votre corps et détendez-le avec des soins anti-sécheresse et cocconing, comme un gommage lèvres coco-miel, une crème bonne mine aux carottes, un rituel sensuel…

FEEL

Cultivez l'abondance dans vos émotions : apprenez à donner davantage aux autres et à être généreuse, mais aussi à donner foi à vos souhaits et à vos objectifs. L'abondance, c'est aussi manifester votre féminin dans toute sa richesse et sa sensualité !

GROW

Pour grandir spirituellement, prenez conscience de votre richesse intérieure, à quel point vous êtes belle, miraculeuse, parfaite. Combien votre vie est abondante, remplie de joies. Manifestez la puissance de votre féminin pour prendre votre place dans le monde et diriger votre vie comme vous le souhaitez !

MA ROUE DES LUNES DE **novembre**

Dans votre roue des lunes, suivez ce qu'il se passe dans votre corps (notamment vos règles) en coloriant les dates des symptômes. À vous de choisir votre couleur ! Vous pouvez aussi signifier l'intensité de votre flux en dessinant des gouttes : 1 pour léger, 2 pour moyen et 3 pour important. Vous apprenez ainsi à mieux connaître votre cycle et la manière dont il vous affecte. Le calendrier lunaire vous permet de vous sentir en harmonie avec le monde !

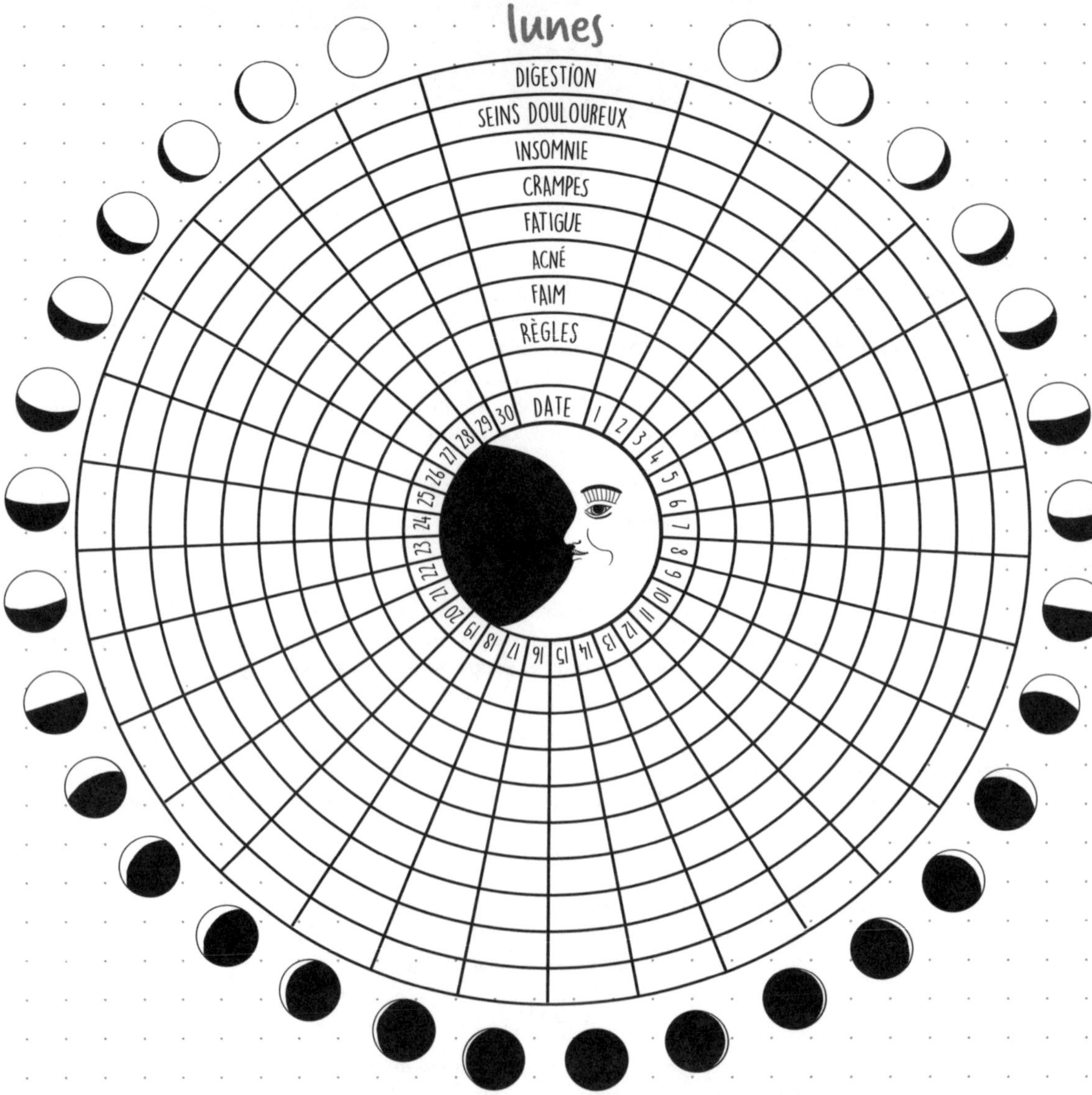

MON MANDALA MOOD DE novembre

Le bison, animal mythique des Amérindiens, leur offrait de la nourriture et ainsi constituait un symbole de prospérité. Il vous enseigne les lois de l'abondance universelle : parce que le bison vit en troupeau et sait prendre soin de ses pairs, il vous montre la voie de la générosité, du partage, de l'esprit communautaire, du respect de soi et des autres. C'est donc un allié parfait pour vous aider à attirer à vous l'abondance durant ce mois.

- Calme
- Heureuse
- Énergique, en forme
- Irritable, sujette aux sautes d'humeur
- Énervée
- Perdue, confuse
- Anxieuse
- Déprimée

Semaine 45

DU 2 AU 8 NOVEMBRE

Ma pensée de la semaine

Donner est capital si vous souhaitez recevoir. En effet, une personne ne donnant ni ne contribuant jamais à rien ne reçoit rien. Une personne qui donne et aide, sans songer aux rétributions, mais pour le plaisir de l'acte, sera récompensée. Car les gens reconnaissent les cœurs chaleureux et les bonnes intentions. Si vous souhaitez plus recevoir dans votre vie, commencez par plus donner.

LUNDI 2

MARDI 3

MERCREDI 4

JEUDI 5

FEEL

J'apprends à donner plus

Donner vous laisse avec le plus beau des sentiments, celui d'avoir accompli quelque chose pour quelqu'un. Vous en ressortez grandie et heureuse. Cela demande de rompre vos conditionnements mais permet de vous sentir plus légère. Donnez de l'argent, des choses ou du temps, à une cause ou à une personne. Votre to-give list : donner de votre temps en allant garder les enfants d'un ami, en aidant vos parents, faire du bénévolat dans une association qui vous tient à cœur… Chaque semaine, donnez un peu de votre temps pour réaliser 3 actions altruistes.

Notes

EAT

Mon lait chaud automnal

Délicieux, il a une action laxative douce et antispasmodique. À savourer comme un dessert sans culpabilité ! Dans une casserole, versez 1 tasse de lait de riz ou d'avoine. Ajoutez 3 gousses de cardamome écrasées et ½ c. à s. de racine de guimauve. Couvrez et portez à ébullition. Puis baissez le feu au minimum et laissez frémir 5-10 min. Filtrez et versez dans un mug. Buvez nature ou avec un peu de miel ou d'agave.

SHINE

Gommage lèvres coco-miel

Mélangez 1 c. à s. d'huile de coco et 1 c. à s. de miel. Ajoutez 2 c. à s. de sucre brun et un tout petit peu d'eau tiède et mélangez bien. Frottez ce mélange sur vos lèvres avec de petits mouvements circulaires 2 à 3 min, puis rincez à l'eau tiède. Le résultat ? Des lèvres souples, rosées et hydratées.

VENDREDI 6

SAMEDI 7

DIMANCHE 8

To do list

L	M	M	J	V	S	D
						1
2	3	4	5	6	7	8
9	10	11	12	13	14	15
16	17	18	19	20	21	22
23	24	25	26	27	28	29
30						

GROW

Gratitude pour tout ce que je reçois

Quand ça nous semble habituel, il est facile d'oublier de dire merci pour tout ce que l'on reçoit chaque jour. La gratitude vous fait prendre conscience de la beauté de votre présent. Ainsi ancrée dans le présent et en paix avec vous-même, vous pouvez évoluer spirituellement. Dire merci quand un collègue vous apporte un café, quand une personne vous tient la porte, quand votre chéri vous fait à manger, quand une amie vous soutient… Chaque jour, sans vous en rendre compte, vous recevez beaucoup. Un simple merci suffit, mais dites-le en conscience, pas par automatisme. Chaque soir, écrivez 5 gratitudes pour votre journée.

TRACKERS

Cure de plante immuno-booster ○○○○○○○

Moment cocooning ○○○○○○○

1 geste généreux/jour ○○○○○○○

Semaine 46

DU 9 AU 15 NOVEMBRE

Ma pensée de la semaine

Souvent, nous ne voyons que nos limites ou ce qui nous manque. Or le monde recèle tout ce dont vous avez besoin. Il suffit de changer votre perspective pour percevoir cela et devenir un réceptacle d'abondance. Votre mantra de la semaine : « Je ressens l'abondance de l'univers circuler librement à travers moi. »

LUNDI 9

MARDI 10

MERCREDI 11

Armistice 1918

JEUDI 12

GROW

Ma méditation sur l'abondance

Asseyez-vous, dos bien droit. Recentrez-vous en fermant les yeux et en suivant simplement votre respiration. Puis pensez à l'abondance de votre organisme : ses cellules, organes, tissus, muscles, toute sa complexité et sa richesse. Votre corps entier est une mine d'abondance. De même que l'univers qui vous entoure : il regorge de vie, de création, de changement… Respirez cette abondance en vous et autour de vous, et gardez cette sensation d'abondance avec vous.

La nouvelle lune du 15 novembre

Réalisez un souhait grâce à la visualisation. Visualiser une situation la rend possible dans votre esprit et déverrouille vos blocages internes. En répétant une visualisation, vous reprogrammez votre subconscient et mettez tout votre être en action pour attirer ce que vous souhaitez.

TRACKERS

- *Cure de plante immuno-booster* ○○○○○○○
- *Moment cocooning* ○○○○○○○
- *1 geste généreux/jour* ○○○○○○○

SHINE

Masque visage au café exfoliant

Hydratant, ce masque éclaircit le teint et diminue les poches. Mélangez 1 c. à s. de café, 1 c. à s. de cacao en poudre (riche en antioxydants pour réparer la peau), 1 c. à s. de miel et un peu de lait. Formez une pâte. Appliquez sur votre visage, laissez poser 20 min et rincez.

EAT

Potée de chou pointu et rutabaga au poivre du Sichuan

Poêlez 1 oignon émincé avec un peu d'huile d'olive, ajoutez 2 carottes en rondelles, 1 c. à s. de thym, 1 de romarin, ½ c. à c. de curcuma, ½ c. à c. de poivre du Sichuan, ½ c. à c. de quatre-épices et du sel. Couvrez d'eau et faites cuire à couvert 10 min à feu doux. Intégrez ½ chou pointu, ½ rutabaga coupés et 3 petites pommes de terre. Continuez la cuisson 30 min. Savourez à deux avec du pain complet.

VENDREDI 13

SAMEDI 14

DIMANCHE 15

To do list

L	M	M	J	V	S	D
						1
2	3	4	5	6	7	8
9	10	11	12	13	14	15
16	17	18	19	20	21	22
23	24	25	26	27	28	29
30						

Notes

FEEL

Je visualise ce que je souhaite attirer à moi

Asseyez-vous et imaginez que votre vœu est déjà réalisé. Visualisez la scène dans ses moindres détails, comme si elle était réelle. Où êtes-vous ? Avec qui ? Quel décor ? Que ressentez-vous ? Attardez-vous sur vos émotions. Pour que votre rêve se manifeste, vous devez croire en sa réalité. Répétez cette visualisation tous les jours pour vous convaincre. Votre subconscient vous guidera pour concrétiser votre rêve.

Semaine 47

DU 16 AU 22 NOVEMBRE

Ma pensée de la semaine

Connectez-vous à votre puissance féminine, votre *shakti*, cette source abondante qui vous apporte joie, courage et succès. L'énergie de *shakti* est enroulée dans vos chakras racines. Tous les mouvements conscients, sensuels et fluides de hanches la font circuler dans tout votre corps. Votre mantra? «Je libère ma féminité et ma sensualité.»

LUNDI 16

MARDI 17

MERCREDI 18

JEUDI 19

FEEL

Sensuelle girl

Votre sensualité naît de la confiance que vous avez en votre énergie féminine et en vous-même. Quelques tips : 1. Tenez-vous bien droite (en marchant ou assise). 2. Portez des parfums denses et épicés qui réveillent votre sensualité féminité et votre mystère grâce à leur odeur capiteuse (violette, tubéreuse, patchouli, musc). 3. Achetez-vous de la belle lingerie pour vous sentir forte, et portez-la les jours ordinaires. 4. Apprenez à regarder les gens dans les yeux pour affirmer la femme forte et sensuelle en vous.

Notes

SHINE

Massage sexy

Réveillez votre sensualité ! Donnez RDV à votre chéri. Munissez-vous d'une huile d'amande ou de massage épicée. Dénudez-vous et commencez par son dos, en massant ses trapèzes, son cou, sa tête, ses cheveux, le bas de son dos, ses fesses, ses cuisses, derrière ses genoux, ses mollets, puis ses pieds. Ensuite, massez-lui visage, torse, ventre, hanches, jambes. N'essayez pas de copier une technique. Soyez intuitive et attentionnée.

GROW

Je me connecte à mon shakti

Assise, le dos droit, respirez calmement. Faites un scan corporel, de la tête aux pieds. Ressentez vos cou, gorge, épaules, bras, paumes et doigts. Respirez dans le haut, le milieu et le bas de votre torse, puis vos jambes et pieds. Ressentez tout votre corps comme une énergie vibrante, un champ de sensations qui irradie à la fois vers l'intérieur et vers l'extérieur, 10 min. Pour terminer, affirmez votre intention de garder cette force vitale toute la journée.

VENDREDI 20

SAMEDI 21

DIMANCHE 22

To do list

L	M	M	J	V	S	D
						1
2	3	4	5	6	7	8
9	10	11	12	13	14	15
16	17	18	19	20	21	22
23	24	25	26	27	28	29
30						

EAT

Tarte au butternut

Un plat riche en bêta-carotène pour l'hiver. Enfournez 1 pâte feuilletée 5 min à 180 °C. Mixez 500 g de butternut cuit à l'eau 15 min, 20 cl de crème végétale, 3 c. à s. de fécule de maïs, 2 c. à s. d'huile d'olive, 125 g de tofu fumé émietté, 1 c. à s. de romarin, 1 c. à c. de curcuma, 1 c. à c. de cumin, poivre, sel, et 3 c. à s. de levure maltée. Poêlez 3 gousses d'ail et 1 poireau 5 min. Garnissez le fond de tarte. Recouvrez de purée de courge. Enfournez 30 min à 180 °C.

TRACKERS

- Cure de plante immuno-booster ○○○○○○○
- Moment cocooning ○○○○○○○
- 1 geste généreux/jour ○○○○○○○

Semaine 48

DU 23 AU 29 NOVEMBRE

Ma pensée de la semaine

Quoi que vous souhaitiez attirer à vous, n'oubliez pas que vous êtes la force créatrice de votre vie. Vous avez le pouvoir de changer les situations qui vous déplaisent et de réaliser ce que vous voulez vraiment. Cette semaine, regardez de quels aspects de votre vie vous êtes fière et ceux que vous voulez changer. Et agissez! Votre mantra? «Je prends la responsabilité de ma vie.»

LUNDI 23

MARDI 24

MERCREDI 25

JEUDI 26

FEEL

J'assume la responsabilité de mes pensées, sentiments, paroles et actions

Cette semaine, reconnaissez votre pouvoir de création sur votre vie, grâce à vos pensées, sentiments, mots et actions. Prenez l'élixir floral saule/willow (3 à 4 gouttes 4 fois par jour sous la langue) pour prendre conscience de votre responsabilité face à toute situation vécue, reconnaître l'aspect créatif de la pensée, surmonter l'amertume et le ressentiment, cesser l'apitoiement et diriger sa vie plutôt qu'en être la victime.

La pleine lune du 30 novembre

La lune des castors reflète la prospérité, favorise l'harmonie dans les relations. C'est un moment idéal pour laisser tomber une mauvaise habitude et repartir sur de bonnes bases.

TRACKERS

Cure de plante immuno-booster ○○○○○○○

Moment cocooning ○○○○○○○

1 geste généreux/jour ○○○○○○○

SHINE

Crème bonne mine

Faites fondre 45 g de beurre de karité au bain-marie à feu doux en remuant. Transférez dans un bol et ajoutez 60 ml de macérat huileux de carotte tout en mélangeant. Laissez refroidir au réfrigérateur. Quand la crème est froide, incorporez en fouettant 10 gouttes d'HE de carotte, 10 d'HE de géranium rosa, 7 de vitamine E. Transférez dans un pot et conservez au frais 3 mois.

EAT

Soupe immuno-booster carotte-gingembre

Mixez 2 carottes, 1 petit morceau de gingembre, 2 branches de céleri dans un mélangeur et de l'eau pour obtenir une soupe dense. Dans une casserole, faites bouillir avec ¼ de c. à c. de sel rose, 2 c. à s. d'huile d'olive et 2 pincées de poivre 10-15 min. Savourez saupoudré de gomasio ou de gingembre confit en lamelles.

VENDREDI 27

SAMEDI 28

DIMANCHE 29

To do list

L	M	M	J	V	S	D
						1
2	3	4	5	6	7	8
9	10	11	12	13	14	15
16	17	18	19	20	21	22
23	24	25	26	27	28	29
30						

Notes

GROW

Je prends le pouvoir sur ma vie

Personne ne peut vous forcer à penser, dire, ressentir ou faire des choses. C'est à vous de prendre les choses en main pour initier le changement. Il est facile d'être passive et d'attendre un temps meilleur. Mais ça n'arrivera pas tout seul. Et il est facile de se trouver des excuses (personnes, enfance…) qui nous empêchent d'agir. Que gagnez-vous à rester impuissante ? À la lune des castors, décidez d'arrêter de blâmer les circonstances. Récupérez votre liberté et votre pouvoir d'action. Écrivez vos blâmes sur un papier et brûlez-le. Vous êtes en charge de votre vie.

Mon journal féminin

Comment je me suis sentie dans mon corps ce mois-ci ?

Comment j'ai vécu mes émotions ce mois-ci ?

Comment ai-je vécu mon cycle ce mois-ci ?

Me suis-je sentie connectée à mon féminin sacré ?

Qu'est-ce qui a bien fonctionné ce mois-ci ?

Qu'est-ce que je dois abandonner le mois prochain pour grandir dans mon féminin ?

Notes

Décembre

JE SUIS LUMINEUSE ET RAYONNANTE

Décembre marque vraiment l'entrée dans l'hiver avec son solstice d'hiver le 21, mais aussi avec son froid, ses célébrations et ses envies de chocolat chaud ou de marrons grillés. Psychologiquement, vous vous sentez portée par l'allégresse de ce mois rempli de chaleur, d'amour, de soirées conviviales en famille ou entre amis, de bons repas, d'enthousiasme et de partage. Décembre illuminé vous invite à cultiver votre lumière intérieure, pour embrasser la femme heureuse et rayonnante que vous êtes devenue cette année, pour envelopper dans votre lumière d'empathie, de générosité et d'amour ceux qui vous entourent et pour faire porter votre voix. Rendez hommage au féminin qui vous fait scintiller de l'intérieur! Le nombre 12 de ce mois vous soutient dans cette quête en symbolisant la perfection, le tout, l'ordre cosmique. Vous revenez à vous-même en femme entière et puissante.

EAT

Physiquement, votre métabolisme est ralenti et vous êtes plus sédentaire du fait du froid et du manque de lumière, qui peut provoquer un manque de vitamine D et de petits coups de blues. Misez sur des plats épicés et des aliments riches en vitamines pour soutenir votre digestion et votre métabolisme.

SHINE

Terminez l'année en mode cocooning avec des soins corps, visage et cheveux de Noël ultra gourmands, à l'orange, au pain d'épices, au miel… Laissez transparaître à l'extérieur votre lumière intérieure!

FEEL

Faites rayonner vos belles émotions! Boostez votre bonheur, manifestez votre empathie et votre générosité. Forte et en phase avec vous-même et votre féminin, portez vos émotions!

GROW

À présent, connectée à votre corps, à vos envies profondes et à toutes vos nuances, rayonnez, imprégnez-vous de lumière, partagez-la, portez-la et faites-la évoluer grâce à des méditations et des rituels symboliques.

MA ROUE DES LUNES DE décembre

Dans votre roue des lunes, suivez ce qu'il se passe dans votre corps (notamment vos règles) en coloriant les dates des symptômes. À vous de choisir votre couleur ! Vous pouvez aussi signifier l'intensité de votre flux en dessinant des gouttes : 1 pour léger, 2 pour moyen et 3 pour important. Vous apprenez ainsi à mieux connaître votre cycle et la manière dont il vous affecte. Le calendrier lunaire vous permet de vous sentir en harmonie avec le monde !

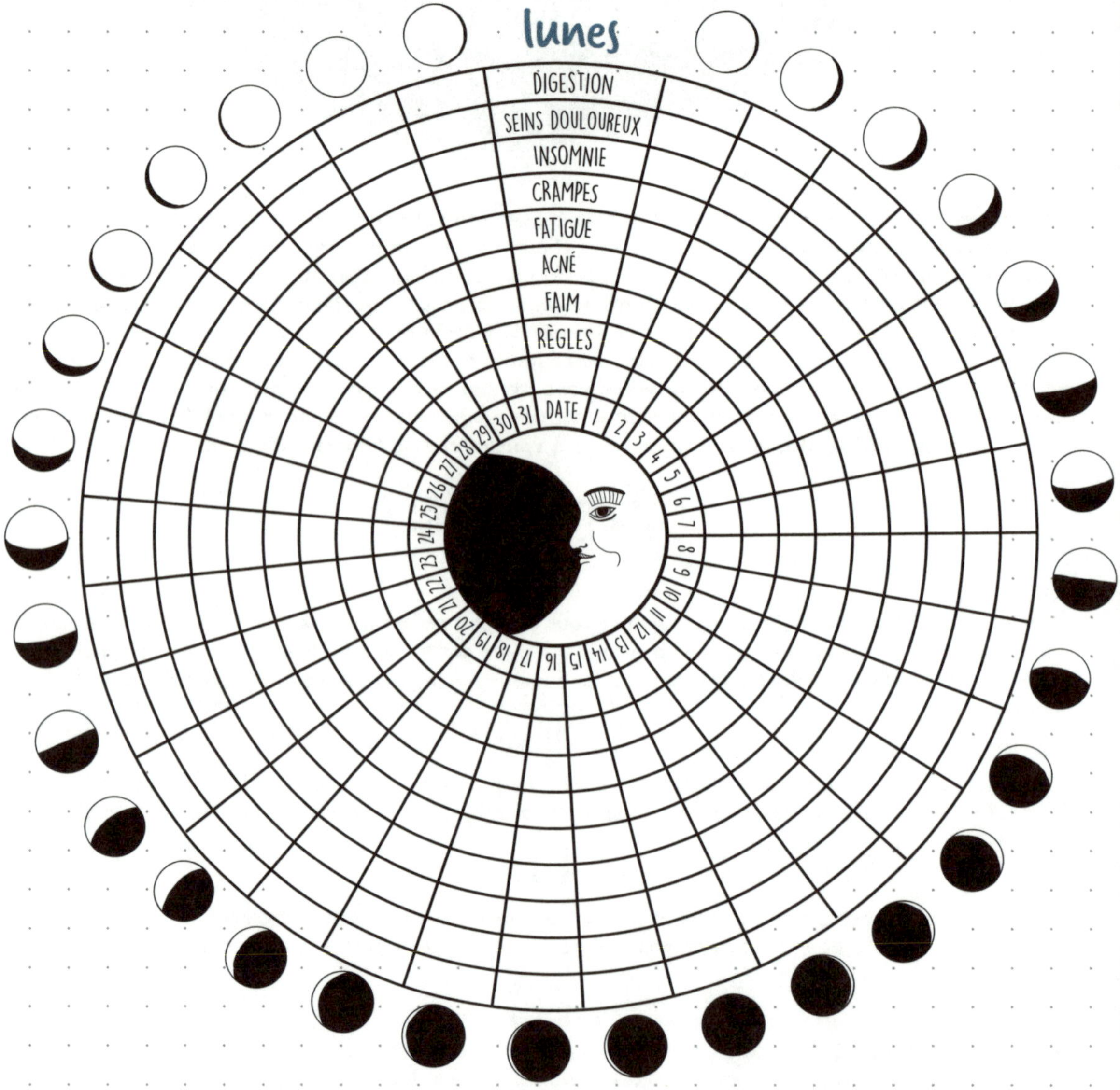

MON MANDALA MOOD DE décembre

La libellule est un symbole de lumière, d'illumination, de passion et d'esprit libre. Croire que tout est possible et le manifester, c'est son essence même. Cet animal totem vous enseigne à croire en votre propre lumière et à prendre votre envol. Laissez-vous porter par vos ailes ! C'est un allié parfait pour vous aider à finir cette année en femme rayonnante, lumineuse, libre et pleine de promesses.

Calme	(bleu)	Énervée	(vert foncé)
Heureuse	(jaune)	Perdue, confuse	(rose pâle)
Énergique, en forme	(orange)	Anxieuse	(bleu nuit)
Irritable, sujette aux sautes d'humeur	(vert)	Déprimée	(rose)

Semaine 49

DU 30 NOVEMBRE AU 6 DÉCEMBRE

Ma pensée de la semaine

Nous sommes toutes géniales. Nous toutes. Tout le temps. Nous méritons d'être célébrées, soutenues, aimées, et surtout, de nous aimer. Vous êtes une personne unique, avec une lumière propre, différente de toutes les autres. Il n'y a qu'une seule vous. Alors, soyez vous-même et personne d'autre! Votre mantra de la semaine : « Je suis une libellule lumineuse et resplendissante. »

LUNDI 30

MARDI 1er

MERCREDI 2

JEUDI 3

SHINE

Bain vapeur visage

Lavez-vous le visage avec un savon doux. Dans un grand bol, versez 1 l d'eau bouillante, ajoutez 2 à 4 gouttes d'HE (tea tree ou romarin pour peau grasse, thym ou géranium pour peau mixte, camomille ou lavande pour peau sèche ou sensible). Asseyez-vous, la tête au-dessus du bol et couvrez-vous la tête avec une serviette. Fermez les yeux, respirez et détendez-vous 10 min. Si la chaleur est trop forte, éloignez un peu votre visage. Enfin, séchez, puis hydratez votre visage avec votre crème ou un peu d'huile d'amande.

Notes

FEEL

Je booste mon bonheur

Ce n'est pas le travail de votre chéri, parent, ami, enfant… de vous rendre heureuse. Être heureuse est votre décision. D'abord, déterminez ce qui vous rend heureuse en tenant un journal de vos bonheurs : écouter votre musique préférée, exprimer votre créativité, faire une activité que vous aimez… Demandez-vous : « Qu'est-ce qui me rend ou pourrait me rendre plus heureuse ? » Et faites au moins une de ces choses chaque jour.

EAT

Red & purple food

La couleur rouge ou pourpre indique flavonoïdes et antioxydants, qui désintoxiquent le foie, nettoient et réchauffent le sang, apaisent l'inflammation et éliminent les radicaux libres. Misez sur : sauce tomate, chou rouge, pamplemousses, canneberges, fruits rouges, radis, oignons rouges, betteraves…

VENDREDI 4

SAMEDI 5

DIMANCHE 6

To do list

L	M	M	J	V	S	D
	1	2	3	4	5	6
7	8	9	10	11	12	13
14	15	16	17	18	19	20
21	22	23	24	25	26	27
28	29	30	31			

GROW

Ma méditation à la bougie

Trataka est une méditation spéciale : les yeux ouverts, concentrée sur une bougie, vous fusionnez avec la lumière. Cela augmente la concentration, la mémoire et votre connexion à votre 3e œil (6e chakra, centre de votre intuition, entre vos sourcils). Dans un espace calme et sombre, allumez une bougie sur une table et asseyez-vous, le dos droit, de sorte que la flamme soit à hauteur de vos yeux. Fixez la bougie et respirez. Concentrez-vous sur la lumière qui pénètre en vous à chaque inspiration. La pièce autour de vous va s'estomper jusqu'à ce que vous n'ayez plus conscience que de la flamme. Méditez 10-20 min, puis allongez-vous et fermez les yeux 5 min.

TRACKERS

Soupe épicée ○○○○○○○

Moment cocooning ○○○○○○○

Compassion envers les autres ○○○○○○○

Semaine 50

DU 7 AU 13 DÉCEMBRE

Ma pensée de la semaine

La lumière est enveloppante : elle éclaire et absorbe tout sans distinction ni jugement. Ainsi, être lumineuse signifie aussi être empathique. Quand vous êtes empathique, vous ressentez tout plus intensément, le positif comme le négatif, et cela vous rend plus vivante et plus forte, en communion avec votre entourage. Votre mantra? «J'enveloppe tout le monde dans ma lumière intérieure.»

LUNDI 7

MARDI 8

MERCREDI 9

JEUDI 10

SHINE

Spa orange-pain d'épices

Dans un bol, mélangez 200 g de sucre brun, 6 cl d'huile de noix ou d'amande douce, ½ c. à c. de cannelle moulue, ¼ de c. à c. de clous de girofle moulus, ½ c. à c. de gingembre moulu, 1 c. à c. d'écorces d'orange séchées et 3 gouttes d'HE d'orange douce. Massez-vous sur peau sèche avant votre bain. Prenez ensuite un bain chaud 20 min. Les épices chauffantes vont s'infuser dans le bain pour activer votre circulation et les pores de votre peau s'ouvrir pour recevoir leurs bienfaits.

Notes

GROW

Mon exo de compassion

Plus que la faculté intuitive à comprendre les sentiments des autres, la compassion est une communion, un outil efficace pour améliorer votre vie et celle des autres. Asseyez-vous, le dos droit, en respirant calmement. Pensez à vous avec amour, puis à une personne que vous aimez et aux difficultés qu'elle rencontre. Placez cette personne au centre de votre esprit, et à chaque expiration, expirez ses difficultés. À la fin, la personne est rayonnante, sans entrave, et vous vous sentez heureuse.

EAT

Shake cacao-menthe poivrée

Un smoothie onctueux pour réchauffer votre digestion, apaiser vos lourdeurs d'estomac. Au blender, mixez 2 dattes et 1 banane avec 25 cl de lait d'amande, 1 pincée de cardamome, ¼ de c. à c. de menthe poivrée et 1 c. à s. de cacao en poudre jusqu'à consistance lisse. Servez à température ambiante.

VENDREDI 11

SAMEDI 12

DIMANCHE 13

To do list

L	M	M	J	V	S	D
	1	2	3	4	5	6
7	8	9	10	11	12	13
14	15	16	17	18	19	20
21	22	23	24	25	26	27
28	29	30	31			

FEEL

Je pratique l'empathie

L'empathie, c'est comprendre et partager les sentiments et les expériences d'un autre. Elle favorise des relations harmonieuses. Voici un exercice simple : intéressez-vous à une collègue stressée. Posez-lui des questions pour savoir comment elle va vraiment. N'ayez pas peur de lui poser des questions personnelles. Vous verrez, elle va vite s'ouvrir si elle vous sent sincère et à l'écoute. Écoutez-la activement (concentrée, sans l'interrompre) et reconnaissez ses sentiments. Réfléchissez à ce que vous pourriez faire pour améliorer la situation (boire un verre ensemble, soutien au travail…) et proposez-lui votre aide.

TRACKERS

Soupe épicée ○○○○○○○

Moment cocooning ○○○○○○○

Compassion envers les autres ○○○○○○○

Semaine 51

DU 14 AU 20 DÉCEMBRE

Ma pensée de la semaine

La lumière est ondes. Elle est puissante et se propage. Comme elle, votre voix est importante et doit se faire entendre. Elle transmet directement vos pensées, vous permet de dire votre vérité, de communiquer avec les autres, d'exprimer vos sentiments… Votre mantra? «Je fais entendre ma voix et j'ai confiance en elle.»

LUNDI 14

MARDI 15

MERCREDI 16

JEUDI 17

EAT

Soupe crémeuse de pois cassés au gingembre

Portez à ébullition 25 cl d'eau avec 225 g de pois cassés, couvrez et laissez mijoter à feu moyen 45 min. Faites chauffer 1 c. à s. de ghee dans une poêle, ajoutez 3 oignons, 3 gousses d'ail, 3 c. à s. de gingembre frais hachés, 1 poireau coupé et faites cuire 10 min. Mélangez avec les pois, 1 c. à s. de thym, 1 d'estragon, 1 d'aneth, ½ c. à c. de sel rose, du poivre, 10 petits morceaux de gingembre confits. Mixez et servez avec 1 c. à c. de tahini noir.

La nouvelle lune du 14 décembre

La nouvelle lune donne une impulsion. Profitez-en pour faire entendre votre voix, dans un karaoké, ou un *kirtan*, un rassemblement yogique pour chanter des mantras.

TRACKERS

Soupe épicée ○○○○○○○

Moment cocooning ○○○○○○○

Compassion envers les autres ○○○○○○○

SHINE

Masque cheveux forts et brillants

Les cheveux ont tendance à devenir secs et crépus dans le vent froid d'hiver. Un masque capillaire est essentiel pour les nourrir. Mixez 1 avocat mûr, 1 banane mûre et 2 c. à s. d'huile de noix de coco. Répartissez le mélange sur vos cheveux et laissez poser 20 à 30 min. Rincez abondamment et lavez avec votre shampooing habituel.

FEEL

Je chante ce que je ressens

Rien de mieux pour prendre confiance en votre voix que de l'utiliser ! Cette semaine, chantez régulièrement, lancez-vous le challenge de résumer votre journée en un mot et de chanter une chanson que vous évoque ce mot (utilisez le choix par mood sur Spotify). Habituez-vous au son de votre voix, appréciez-le, vous pouvez même vous enregistrer et vous écouter. Exprimez ce que vous ressentez à travers votre voix et cette chanson.

VENDREDI 18

SAMEDI 19

DIMANCHE 20

To do list

L	M	M	J	V	S	D
	1	2	3	4	5	6
7	8	9	10	11	12	13
14	15	16	17	18	19	20
21	22	23	24	25	26	27
28	29	30	31			

Notes

GROW

J'assure ma voix

Votre diaphragme est un muscle, juste sous votre sternum. En respirant avec votre diaphragme et en utilisant ce souffle en chantant et parlant (surtout quand c'est important), votre voix sera plus puissante et convaincante. En pratique : inspirez dans votre abdomen. Vous sentez alors votre abdomen se dilater (votre poitrine ne bouge pas). Puis expirez doucement : votre ventre se dégonfle, vos épaules et votre cou sont détendus. Vous pouvez placer vos mains sur votre abdomen, si elles se lèvent lorsque vous inspirez, c'est parfait !

Semaine 52

DU 21 AU 27 DÉCEMBRE

Ma pensée de la semaine

Cette semaine est marquée par Noël et la célébration de l'amour, la joie d'être ensemble. Le moment parfait pour partager votre amour, la plus forte des lumières. Donnez, aimez, célébrez et renaissez comme une femme lumineuse et rayonnante, pleine d'amour. Votre mantra? «Je partage ma lumière et mon amour.»

LUNDI 21

MARDI 22

MERCREDI 23

JEUDI 24

FEEL

Boules de bain de Noël

Écrasez 3 cannes à sucre. Mélangez 90 g de bicarbonate, 50 g de sel d'Epsom, 62,5 g d'acide citrique et 62,5 de fécule. Dans un autre bol, mélangez 2 c. à s. d'huile de coco, 10 gouttes d'HE de menthe poivrée, 4 de colorant rouge et 1 c. à s. d'eau. Ajoutez lentement les ingrédients humides aux secs en 5 fois. Pressez le mélange pour qu'il s'agglomère bien. Mettez 1 c. à c. de canne à sucre broyée au fond de moules à muffins. Tassez le mélange, ajoutez 1 c. à c. de canne, tassez. Retirez les moules après 8 h minimum. Laissez sécher les boules 14 h à l'air libre.

Yule le 21 décembre

Yule, fête celte du solstice d'hiver, nuit la plus longue de l'année, célèbre le retour de la lumière et du soleil. Cette renaissance est la vôtre en tant que femme de lumière.

TRACKERS

Soupe épicée ○○○○○○○

Moment cocooning ○○○○○○○

Compassion envers les autres ○○○○○○○

GROW

Je célèbre Yule

La couronne de Yule symbolise la roue de l'année, sans début ni fin, pour rappeler que la vie est éternelle mais qu'elle évolue. Profitez d'une balade pour ramasser des branches de houx, de lierre et des pommes de pin. Achetez un socle rond, du fil de fer, de fausses fleurs/baies et des rubans. Attachez les pommes de pin au cadre à l'aide de fil de fer, ajoutez des branches entrelacées, des baies et des rubans. Placez la couronne sur votre porte pour rendre grâce au cycle de Mère nature.

SHINE

Masque visage pomme, miel, cannelle

Au blender, mixez 1 pomme évidée avec 2 c. à s. de miel et ½ c. à c. de cannelle. Appliquez sur votre visage et laissez agir 10-15 min. Rincez.

VENDREDI 25

Noël

SAMEDI 26

DIMANCHE 27

To do list

L	M	M	J	V	S	D
	1	2	3	4	5	6
7	8	9	10	11	12	13
14	15	16	17	18	19	20
21	22	23	24	25	26	27
28	29	30	31			

Notes

EAT

Biscuits de Noël aux pétales de rose, amandes et cerises

Battez 1 œuf et 115 g de ghee fondu, ajoutez 100 g de sucre brun, 12,5 cl de lait de soja et 1 c. à s. d'eau de rose. Dans un autre bol, mélangez ½ c. à c. de cardamome, 1 c. à c. de fenouil moulu, 30 g de noix de coco en poudre, 25 g d'amandes effilées, ½ c. à c. de bicarbonate de soude, 1 pincée de sel, 120 g de farine d'épeautre et 40 g de cerises séchées. Combinez les 2 bols et mélangez 5 min. Laissez reposer 5 min, mélangez. Formez des tas sur une plaque graissée, saupoudrez de sucre brun et de pétales de rose. Enfournez 20 min à 180 °C.

Semaine 1

DU 28 DÉCEMBRE AU 3 JANVIER 2021

Ma pensée de la semaine

Cette année, vous l'avez dédiée à votre féminité pour laisser enfin émerger la femme rayonnante, lumineuse et confiante que vous êtes. Cette semaine, faites le bilan et remerciez-vous pour tout ce que vous avez fait pour vous cette année. Votre mantra : «Je suis fière de mon cheminement de femme cette année et je suis inspirée pour le continuer.»

LUNDI 28

MARDI 29

MERCREDI 30

JEUDI 31

Saint Sylvestre

EAT

Poêlée de chou à l'éthiopienne

Le chou blanc est un allié minceur, qui détoxifie l'organisme. Dans une casserole, faites revenir 5 min dans de l'huile d'olive 3 gousses d'ail et 1 oignon émincés, 1 c. à s. de gingembre râpé, 1 c. à c. de curcuma, 1 c. à c. de cumin, 1 pincée de cannelle, sel et poivre. Ajoutez ½ chou blanc haché et 3 carottes en rondelles. Baissez le feu et faites cuire 10 min. Ajoutez 4 pommes de terre pelées coupées. Laissez mijoter à couvert 30 min. Savourez avec du quinoa.

La pleine lune du chêne

Cette lune du 30 décembre permet de faire un bilan sur l'année.

TRACKERS

Soupe épicée ○○○○○○○

Moment cocooning ○○○○○○○

Compassion envers les autres ○○○○○○○

GROW

Rituel de gratitude à la lune du chêne

Allumez une bougie blanche et, sur de petits papiers, écrivez vos remerciements pour cette année. Pensez à tout ce qui vous est arrivé de bien ainsi qu'à vos proches. Accrochez ces papiers à votre arbre de Noël ou cachez-les dans une enveloppe cadeau à redécouvrir l'année prochaine. Sur une feuille, notez tout ce que vous voulez abandonner pour l'année à venir. Brûlez-la en disant : «Je décide d'avancer en me débarrassant de ce qui ne me sert pas.»

SHINE

Mon bain aux sels et à la lavande

Mélangez 200g de sel d'Epsom, 100g de sel de mer, 50g de bicarbonate et 50g de pétales de fleurs (rose, lavande, calendula) dans un bocal. Faites-vous couler un bon bain chaud et versez 100g du mélange, avec 5-8 gouttes d'HE de lavande diluées dans 1 c. à s. d'huile. Lancez votre meilleure chill playlist et savourez 20 min de bien-être!

VENDREDI 1er

Jour de l'an

SAMEDI 2

DIMANCHE 3

To do list

L	M	M	J	V	S	D
	1	2	3	4	5	6
7	8	9	10	11	12	13
14	15	16	17	18	19	20
21	22	23	24	25	26	27
28	29	30	31			

Notes

FEEL

Je suis fière de moi

Soyez fière de tout ce que vous avez accompli cette année pour vous, de vos initiatives, même de vos échecs, de la connaissance que vous avez acquise sur vous, des liens que vous avez approfondis, des personnes que vous avez aidées, de l'amour et de la confiance que vous avez développés envers vous-même. Dessinez une ligne des fiertés de votre année féminité en notant comment vous vous sentiez en début d'année. Puis remémorez-vous chaque mois. Votre ligne de fierté a bien augmenté, n'est-ce pas?

Mon journal féminin

Comment je me suis sentie dans mon corps ce mois-ci ?

Comment j'ai vécu mes émotions ce mois-ci ?

Comment ai-je vécu mon cycle ce mois-ci ?

Me suis-je sentie connectée à mon féminin sacré ?

Qu'est-ce qui a bien fonctionné ce mois-ci ?

Qu'est-ce que je dois abandonner le mois prochain pour grandir dans mon féminin ?

Notes

Mon année 2020 inspirante…

Mes objectifs 2020

2020 souvenirs

JANVIER

FEVRIER

MARS

AVRIL

MAI

JUIN

JUILLET

AOÛT

SEPTEMBRE

OCTOBRE

NOVEMBRE

DECEMBRE

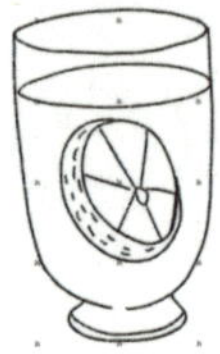

Routine Matinale

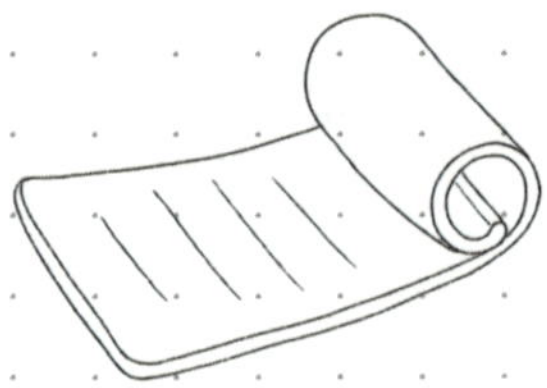

ma routine du soir

AFFIRMATIONS POSITIVES

Mes Citations

— préférées —

Bucket List

Bucket List

j'aime
chez
moi

happiness box

Ne jamais oublier de...

Suivre mes rêves

Sortir marcher dans la forêt

Aimer mon corps

Faire confiance à mon intuition

Dire aux personnes qui comptent que je les aime

Lâcher prise autant que possible

Calendriers

2020

JANVIER

L	M	M	J	V	S	D
		1	2	3	4	5
6	7	8	9	10	11	12
13	14	15	16	17	18	19
20	21	22	23	24	25	26
27	28	29	30	31		

FÉVRIER

L	M	M	J	V	S	D
					1	2
3	4	5	6	7	8	9
10	11	12	13	14	15	16
17	18	19	20	21	22	23
24	25	26	27	28	29	

MARS

L	M	M	J	V	S	D
						1
2	3	4	5	6	7	8
9	10	11	12	13	14	15
16	17	18	19	20	21	22
23	24	25	26	27	28	29
30	31					

AVRIL

L	M	M	J	V	S	D
		1	2	3	4	5
6	7	8	9	10	11	12
13	14	15	16	17	18	19
20	21	22	23	24	25	26
27	28	29	30			

MAI

L	M	M	J	V	S	D
				1	2	3
4	5	6	7	8	9	10
11	12	13	14	15	16	17
18	19	20	21	22	23	24
25	26	27	28	29	30	31

JUIN

L	M	M	J	V	S	D
1	2	3	4	5	6	7
8	9	10	11	12	13	14
15	16	17	18	19	20	21
22	23	24	25	26	27	28
29	30					

JUILLET

L	M	M	J	V	S	D
		1	2	3	4	5
6	7	8	9	10	11	12
13	14	15	16	17	18	19
20	21	22	23	24	25	26
27	28	29	30	31		

AOÛT

L	M	M	J	V	S	D
					1	2
3	4	5	6	7	8	9
10	11	12	13	14	15	16
17	18	19	20	21	22	23
24	25	26	27	28	29	30
31						

SEPTEMBRE

L	M	M	J	V	S	D
	1	2	3	4	5	6
7	8	9	10	11	12	13
14	15	16	17	18	19	20
21	22	23	24	25	26	27
28	29	30				

OCTOBRE

L	M	M	J	V	S	D
			1	2	3	4
5	6	7	8	9	10	11
12	13	14	15	16	17	18
19	20	21	22	23	24	25
26	27	28	29	30	31	

NOVEMBRE

L	M	L	J	V	S	D
						1
2	3	4	5	6	7	8
9	10	11	12	13	14	15
16	17	18	19	20	21	22
23	24	25	26	27	28	29
30						

DÉCEMBRE

L	M	L	J	V	S	D
	1	2	3	4	5	6
7	8	9	10	11	12	13
14	15	16	17	18	19	20
21	22	23	24	25	26	27
28	29	30	31			

2021

JANVIER

L	M	M	J	V	S	D
				1	2	3
4	5	6	7	8	9	10
11	12	13	14	15	16	17
18	19	20	21	22	23	24
25	26	27	28	29	30	31

FÉVRIER

L	M	M	J	V	S	D
1	2	3	4	5	6	7
8	9	10	11	12	13	14
15	16	17	18	19	20	21
22	23	24	25	26	27	28

MARS

L	M	M	J	V	S	D
1	2	3	4	5	6	7
8	9	10	11	12	13	14
15	16	17	18	19	20	21
22	23	24	25	26	27	28
29	30	31				

AVRIL

L	M	M	J	V	S	D
			1	2	3	4
5	6	7	8	9	10	11
12	13	14	15	16	17	18
19	20	21	22	23	24	25
26	27	28	29	30		

MAI

L	M	M	J	V	S	D
					1	2
3	4	5	6	7	8	9
10	11	12	13	14	15	16
17	18	19	20	21	22	23
24	25	26	27	28	29	30
31						

JUIN

L	M	M	J	V	S	D
	1	2	3	4	5	6
7	8	9	10	11	12	13
14	15	16	17	18	19	20
21	22	23	24	25	26	27
28	29	30				

JUILLET

L	M	M	J	V	S	D
			1	2	3	4
5	6	7	8	9	10	11
12	13	14	15	16	17	18
19	20	21	22	23	24	25
26	27	28	29	30	31	

AOÛT

L	M	M	J	V	S	D
						1
2	3	4	5	6	7	8
9	10	11	12	13	14	15
16	17	18	19	20	21	22
23	24	25	26	27	28	29
30	31					

SEPTEMBRE

L	M	M	J	V	S	D
		1	2	3	4	5
6	7	8	9	10	11	12
13	14	15	16	17	18	19
20	21	22	23	24	25	26
27	28	29	30			

OCTOBRE

L	M	M	J	V	S	D
				1	2	3
4	5	6	7	8	9	10
11	12	13	14	15	16	17
18	19	20	21	22	23	24
25	26	27	28	29	30	31

NOVEMBRE

L	M	M	J	V	S	D
1	2	3	4	5	6	7
8	9	10	11	12	13	14
15	16	17	18	19	20	21
22	23	24	25	26	27	28
29	30					

DÉCEMBRE

L	M	M	J	V	S	D
		1	2	3	4	5
6	7	8	9	10	11	12
13	14	15	16	17	18	19
20	21	22	23	24	25	26
27	28	29	30	31		

Biographie

Éloïse Figgé est praticienne et thérapeute certifiée en Ayurveda, prof de Yoga, blogueuse et auteure. Formée à Bali, aux États-Unis, en France puis en Inde, elle donne des consultations en Ayurveda, des traitements (massages et soins) ayurvédiques et organise des cures ayurvédiques et des workshops. Passionnée de santé naturelle et de plantes, elle aime croiser les disciplines naturelles (Ayurveda, naturopathie, anthropomédecine...). Les femmes, leurs émotions, leur connexion à la Nature mais aussi leurs maux occupent une place importante dans sa pratique. Retrouvez-la sur son site www.hello-ayurveda.com, sur Instagram : @hello_ayurveda et sur Facebook : Éloïse – Ayurveda.

Mon cahier minceur
Mon cahier minceur
Mon cahier minceur
Mon cahier Ma grossesse et moi
Mon cahier Mon bébé et moi
Mon cahier Ventre plat
Mon cahier Ventre plat
Mon cahier La drague et moi
Mon cahier Le sexe et moi
Mon cahier 100% anti-âge
Mon cahier Détox
Mon cahier Yoga
Mon cahier Running
Mon cahier Abdos-fessiers
Mon cahier Veggie
Mon cahier Mon dressing idéal
Mon cahier Brûle-graisse
Mon cahier Pensée positive
Mon cahier Anti-stress
Mon cahier Forme et minceur après bébé
Mon cahier Régime paléo
Mon cahier Pilates
Mon cahier Beauté
Mon cahier Digital détox
Mon cahier Stop au sucre
Mon cahier Sans gluten
Mon cahier Fitness
Mon cahier Mincir avec la médecine chinoise
Mon cahier Yoga détox
Mon cahier Aquafitness
Mon cahier Beach body
Mon cahier Green détox
Mon cahier Body training
Mon cahier Régime tout cru
Mon cahier Méditation
Mon cahier Huiles essentielles
Mon cahier Boxe training
Mon cahier Mon chat & moi
Mon cahier Rangement feel good
Mon cahier Trail running
Mon cahier Yoga méditation
Mon cahier Soft fitness
Mon cahier Body minceur
Mon cahier Hair beauty
Mon cahier Jolie peau
Mon cahier Fitness food
Mon cahier Danse pilates
Mon cahier Hygge happy thérapie
Mon cahier Yoga sculpt

MON CAHIER TATOUAGE
MON CAHIER YOGA FLOW
MON CAHIER OBSTACLE TRAINING
MON CAHIER SUPER-ORGANISÉE
MON CAHIER MON BULLET AGENDA
MON CAHIER BULLET AGENDA
MON CAHIER MINCEUR HEALTHY
MON CAHIER MINCEUR ZÉRO SUCRE
MON CAHIER STOP SMOKING
MON CAHIER AYURVEDA
MON CAHIER VÉLO TRAINING
MON CAHIER DÉFI VOYAGE SOLO
MON CAHIER HIIT
MON CAHIER CRISTAL POWER
MON CAHIER MACADAMTRAINING
MON CAHIER OBJECTIF MINCEUR EN 12 SEMAINES
MON CAHIER MES 100 MODÈLES BULLET AGENDA
MON CAHIER BAIN DE FORÊT
MON CAHIER ATTITUDE BODY POSITIVE
MON CAHIER PILATES INTENSIF
MON CAHIER PILATES BOOTY
MON CAHIER RITUEL POWER
MON CAHIER LUNE
MON CAHIER MASSAGE
MON CAHIER IKIGAI
MON CAHIER MARIAGE
MON CAHIER GREEN POWER
MON CAHIER SOPHRO
MON CAHIER OBJECTIF ZÉRO SUCRE EN 12 SEMAINES
MON CAHIER PILATES MINCEUR
MON CAHIER GAINAGE
MON CAHIER ZÉRO DÉCHET
MON CAHIER TAROT
MON CAHIER OBJECTIF BIKINI EN 12 SEMAINES
MON CAHIER FIT & GREEN
MON CAHIER 2019 MY LIFE IS HEALTHY
MON CAHIER 2019 MY LIFE IS BEAUTIFUL

Direction
Jean-Louis Hocq

Direction éditoriale
Marion Guillemet-Bigeard

Édition
Gwladys Greusard

Maquette
Mademoiselle Ève

Conception, mise en couleur de la couverture et illustrations des fleurs
Stéphanie Brepson

Correction
Christine Cameau

Mise en pages
Nord Compo

Fabrication
Laurence Duboscq

ISBN : 978-2-263-15977-0
Code éditeur : S15977
Dépôt légal : août 2019
Imprimé en Espagne par Liberduplex

2019, Éditions Solar, un département d'**Edi8**